Belisario Domínguez

Moral y ética, impronta de vida

Josefina Mac Gregor

Belisario Domínguez
Moral y ética, impronta de vida

México ◆ Miami ◆ Buenos Aires

Belisario Domínguez. Moral y ética, impronta de vida
© Josefina Mac Gregor, 2010

D. R. © Editorial Lectorum, S. A. de C. V., 2010
Centeno 79-A, col. Granjas Esmeralda
C. P. 09810, México, D. F.
Tel. 5581 3202
www.lectorum.com.mx
ventas@lectorum.com.mx

L. D. Books, Inc.
Miami, Florida
sales@ldbooks.com

Lectorum, S. A.
Buenos Aires, Argentina
ventas@lectorum-ugerman.com.ar

Primera edición: septiembre de 2010
ISBN: 978-607-457-138-7

© Portada: Raúl Chávez Cacho

Impreso y encuadernado en México.
Printed and bound in Mexico.

Introducción

Es del dominio público que Belisario Domínguez pertenece al panteón de nuestros héroes. Se sabe que fue senador y que fue asesinado por enfrentarse al régimen autoritario de Victoriano Huerta, quien, para asumir el poder, no sólo se puso al frente de un golpe militar, sino que, ya dueño de la situación, ordenó los asesinatos de Francisco I. Madero y José María Pino Suárez, cuando ya habían renunciado a la presidencia y vicepresidencia de la República, respectivamente. Domínguez asumió el cargo como legislador después de estas muertes; no obstante, y a pesar del peligro que corría por hacerlo, responsabilizó a Huerta de los asesinatos y exhortó a la Cámara de Senadores a resolver la difícil situación que enfrentaba el país. Por ello, Domínguez se convirtió en un símbolo del valor civil y la libertad de expresión y además en una figura emblemática del Senado de la República.

Por ese motivo, desde 1913, año en que el doctor Domínguez fue asesinado, se han escrito muchas páginas sobre él, particularmente para alabarlo y exaltar su valentía. En su mayoría, discursos para conmemorar su memoria, que no ofrecen mucha información sobre el personaje, y más bien son interpretaciones sobre su sacrificio, que permiten sostener posiciones políticas o hacer disquisiciones sobre las circunstancias en las que son emitidos. Las más de las veces, estos discursos, lejos de apoyarse en hechos históricos, se sustentan en anécdotas, difíciles de probar, pero que ayudan a salvaguardar y acrecentar el mito.

La obra propiamente historiográfica sobre Domínguez, en cambio, resulta exigua, aunque mantiene cierta variedad en cuanto a objetivos y fuentes. Así, en algunas oportunidades, más que buscar explicaciones, lo que predominó en esos escritos fue el deseo de descalificar y estigmatizar al gobierno de Huerta, por lo que nada o poco tuvieron que ver con la consulta de documentos y la aplicación de criterios históricos; en otros trabajos, lo que importó fue destacar y hacer la apología de Belisario Domínguez, en ocasiones, sin el suficiente conocimiento de las fuentes, y otras, con un sustento documental más serio, pero, finalmente con un exceso de adjetivos que hace pensar más bien en una historia maniquea, en la que se divide el mundo en buenos y malos. Entre las biografías publicadas —poco más de una docena—, sólo unas cuantas tienen un carácter algo más formal, algunas apenas llegan a ser meros folletos y otras tienen como propósito integrar antologías documentales.

Estudiar con precisión figuras paradigmáticas o heroicas, como la del senador Belisario Domínguez, entraña un trabajo adicional con respecto al que regularmente se realiza en las investigaciones de carácter histórico. En estos casos es preciso desmitificar, distinguir qué se ha imaginado o agregado sin sustento, sólo por el afán de agigantar a los personajes, al grado de convertirlos precisamente en mitos, desvaneciéndolos como figuras históricas. Como si la obra o las acciones de estos hombres, entre los que se encuentra Domínguez, necesitaran de tales artificios para ser reconocidos, sin tener en cuenta que precisamente el desapego a los hechos históricos lleva al público a cuestionar a esos personajes que se quieren presentar como ejemplares o perfectos, o lo induce a distanciarse del conocimiento del pasado por considerarlo manipulado, falto de veracidad. Así, hay que volver al hombre, partir de los documentos, los hechos comprobables, y resistirse a caer en lo trillado. Hay que rehacer los acontecimientos para luego interpretarlos. En este caso, la mirada crítica sobre Domínguez no nos arrojó un personaje anodino y sin valores; por el contrario, nos mostró un hombre comprometido y coherente con los principios de vida asumidos desde su juventud.

En esta oportunidad, queremos ofrecer una biografía de don Belisario Domínguez que tome en cuenta las condiciones sociales de la época que le tocó vivir y que resulte asequible para todos los interesados en la vida de este personaje. Es decir, un trabajo que al mismo tiempo que brinde un panorama de la existencia de este distinguido hombre, exhiba algunos aspectos particulares que permitan valorarlo, además de ubicarlo en la etapa histórica correspondiente. Un periodo que va de la confrontación política de liberales y conservadores de la segunda mitad del siglo XIX, al periodo revolucionario, pasando por la intervención francesa y el Segundo Imperio, la República Restaurada y el Porfiriato. Las críticas condiciones políticas, económicas, sociales y culturales de las postrimerías del régimen porfiriano desencadenaron una revolución: la maderista. Después, el derrocamiento del gobierno constitucional llevó a una guerra civil que duró varios años. Durante la primera parte de esta lucha, el senador Domínguez fue asesinado.

Esta biografía, que consideramos novedosa, incluye documentos nunca antes considerados. Se localizaron papeles con datos nuevos e importantes en el Archivo Municipal de Comitán, que resguarda la Universidad de Ciencias y Artes de Chiapas, en el Fondo Fernando Iglesias Calderón del Archivo General de la Nación y en la Casa Museo Dr. Belisario Domínguez. Además de los documentos publicados con anterioridad, fue posible abrevar en el Archivo del Senado de la República, para analizar la trayectoria de Domínguez durante el tiempo de su gestión como senador, y no centrarnos sólo en el discurso —nunca leído ni pronunciado— que parecía lo había condenado a la muerte. Fue posible encontrar otra arenga, que tampoco llegó al público, y pudimos constatar la consistencia de la postura de Domínguez, que en nuestra interpretación es de carácter ético y no político, como han sostenido otros autores, y que fue la que provocó, por su fortaleza y persistencia, la reacción represora del general Victoriano

Huerta. Otros opositores al régimen pudieron conservar la vida; Domínguez, no, porque siempre que podía acusaba al general —de los crímenes de Madero y Pino Suárez, de provocar una guerra civil y confrontar al gobierno de Estados Unidos—, y lo hacía de manera explícita y enérgica, asumiendo un liderazgo que podía poner al régimen en serios aprietos.

En suma, el propósito de este trabajo es brindar al lector interesado en el tema un estudio riguroso, lo más documentado que ha sido posible, y que, abandonando exaltaciones y maniqueísmos infundados, muestre al hombre de carne y hueso, y ofrezca una explicación de las acciones de don Belisario —así, con esta familiaridad, sin títulos, ni cargos, con la cercanía que da el *don* en nuestra lengua y que significa que se trata de una figura respetable que pertenece a todos los mexicanos.

Josefina Mac Gregor
Facultad de Filosofía y Letras
Universidad Nacional Autónoma de México
Julio de 2010

Capítulo 1
Los primeros años

La familia

Belisario Domínguez Palencia nació en Comitán de las Flores, un importante pueblo comercial del sur de Chiapas, muy cercano a la frontera con Guatemala, el 25 de abril de 1863. Su padre, precisamente, era un comerciante llamado Cleofas Domínguez Román y su madre, que, además de atender a la familia, trabajaba en la tienda familiar, se llamaba María del Pilar Palencia Espinoza y era originaria de Guatemala. Su fe de bautismo asienta que el mismo día que Belisario nació fue bautizado en la iglesia parroquial de la población.[1]

Esta pareja, casada en 1861, procreó diez hijos, tres hombres y siete mujeres; dos de ellos murieron pequeños. Existen evidencias de que se trataba de una familia con ciertos recursos económicos, pues el padre llegó a poseer varias propiedades. Cuando contrajeron matrimonio, don Cleofas aportó veinte mil pesos en efectivo y en bienes, en su mayor parte mercancías, pues

---

1 Belisario no fue registrado en el momento de nacer; su padre lo acompañó al registro civil hasta 1892, con el fin de dar cumplimiento a la ley que establecía este requisito.

desde joven se dedicó a la actividad comercial.[2] De don Cleofas se afirma con insistencia que defendió con las armas las ideas liberales y que fue herido en combate. Asimismo, se afirma que tuvo siete hijos más, anteriores a su matrimonio, que, al parecer, vivieron con la pareja, pues se asienta que era viudo cuando se casó con Pilar. Don Cleofas, además, tenía otro hijo, Carlos, habido fuera de matrimonio. Esta vasta familia, sin embargo, siguió creciendo: cuando Belisario era adolescente, en 1876, sus padres adoptaron a dos sobrinas por vía materna, Sara y Delina Zebadúa Palencia —con menos de dos y cinco años, respectivamente—, que quedaron huérfanas al morir su madre,[3] que era hermana de doña María del Pilar. También vivía con ellos la abuela materna, doña Dolores Espinoza, "Mamá Lola". Se trataba, pues, de una familia extensa.

Sus primeros estudios los realizó en su ciudad natal, en el Liceo Popular José María Ramírez, fundado por Manuel Rovelo Escandón.[4] No

---

2 Testimonio y primera copia de la escritura de protocolización del testamento cerrado de don Cleofas Domínguez, expedido por el albacea. Notario: Marco Aurelio Solís. Archivo Histórico de Comitán (AHC), Fondo Notarías, núm. inventario 608, 1902; Sec. Segunda del Juicio Testamentario de Don Cleofas Domínguez; Fondo Juzgado Civil, núm. inventario 1395, s/exp. 1902.

3 No se sabe por qué no vivieron con el padre, José Zebadúa, que radicaba en Tuxtla Gutiérrez, aunque sí se registra que Delina era hija natural, es decir, que sus padres no estaban casados cuando ella nació.

4 Fedro Guillén, *Don Belisario. Interpretación de un hombre y una época*, México: Instituto Chiapaneco de Cultura, 1994. Por su parte, Edgar Robledo Santiago, *Valor y gloria. La vida de Belisario Domínguez*, Cien de México, México: SEP, 1987, asegura que los estudios los realizó en su propia casa, con profesores particulares, debido a que no existían escuelas oficiales en Comitán. Este tipo de educación se empezó a regularizar hasta 1867 y se consolidó durante el Porfiriato. Además de las escuelas lancasterianas, que se apoyaban con la formación de monitores, era usual que los padres que podían hacerlo unieran sus recursos para pagar a los profesores, que muchas veces impartían clases en sus propios hogares; esta modalidad más bien correspondía a las escuelas de párvulos o de primeras letras, que en la práctica se constituían en lo que ahora conocemos como una escuela particular. Por ello, no está reñida la posibilidad de que Belisario primero asistiera a una escuela de párvulos y luego al Liceo. Una ciudad de la importancia de Comitán debía de tener un establecimiento reconocido.

obstante que la lejanía de Comitán —no sólo de la ciudad de México, sino de San Cristóbal de las Casas, la capital del estado en esos años, que más que distante era de difícil acceso— podría hacer suponer que la educación era deficiente, nos encontramos con que sus maestros, entre los que podemos mencionar a Francisco Gutiérrez, José Lino Gordillo y particularmente a Braulio García y Eduardo Labbé, con quienes sostuvo cierta relación a través de los años, lo empezaron a formar, encauzándolo sobre bases sólidas hacia el estudio formal de una carrera. Incluso, durante estos años primarios fue cuando el profesor Labbé le enseñó la lengua francesa.

En 1877, cuando concluyó en Comitán la primera etapa de sus estudios (hasta 1893, y por breve tiempo, hubo escuela preparatoria), se trasladó a San Cristóbal, para continuarlos en el Instituto de Artes y Ciencias, el cual sólo ofrecía posibilidades para quienes deseaban ser abogados, escribanos o agrimensores. Estos estudios tuvieron que ser interrumpidos debido a que, al desbordarse el río Amarillo en 1879, como había ocurrido en años anteriores, la ciudad se inundó y todas las actividades se interrumpieron, incluidas las escolares. Su padre envió a Evaristo, su hermano mayor, para que lo regresara a casa. A pesar de su juventud, sólo quince años, es posible que esta abrupta interrupción y el desértico panorama cultural lo decidieran a ir más lejos, a París, en donde las instituciones eran ejemplares, además de estables.

Efectivamente, aunque ya en esos años, 1879, las cosas parecían mejorar para el país, no era menos cierto que apenas en 1867 se había consolidado la República, al vencer al Imperio de Maximiliano, lo que sin duda constituyó un triunfo de las fuerzas liberales sobre las conservadoras, y que sólo tres años atrás, por medio de las armas, Porfirio Díaz, uno de los militares que se había distinguido al combatir a los franceses y el proyecto imperial, se había hecho con el poder. Así, la situación seguía siendo inestable, no obstante que el golpe militar se hubiese sancionado poco después mediante unas elecciones.

Cabe recordar que, después de tres siglos de pertenecer a la Corona Española, lo que había sido el territorio del virreinato de la Nueva España inició una larga guerra de independencia que estalló en 1810 y concluyó hasta 1821. Este proceso fue compartido por otras áreas en América, bajo la dirección de otros hombres, y dio como resultado el mosaico de las diversas naciones hispanoamericanas, que tenían como elementos comunes el haber sido conquistadas, amestizadas y cristianizadas por España, y el de haberse gestado de la amalgama occidental predominante sobre el sustrato indígena y que, al tener como antecedente la existencia de numerosos y diferentes grupos aborígenes, su panorama cultural resultaba muy variado. Este hecho, la conquista violenta y la imposición de una nueva cultura, la occidental, las hizo compartir procesos y desarrollos semejantes.

La Guerra de Independencia fue difícil y cruenta, particularmente en las zonas del Bajío, el Occidente y el Sur, lo que ahora es Morelos, Oaxaca y Guerrero; en otras regiones, más que los combates, se hicieron sentir las secuelas de la guerra. Si bien la lucha trajo aparejada la interrupción y una vasta destrucción de la infraestructura y las actividades económicas, sus líderes, hombres como Miguel Hidalgo y Costilla, José María Morelos y Pavón, Ignacio López Rayón y Vicente Guerrero, también se vieron en la necesidad de proponer instituciones para dar forma a una nueva nación. Los combates y el control virreinal no permitieron poner en práctica los proyectos que los rebeldes llegaron a esbozar y discutir.

Desde 1813, el representante por Chiapas a las Cortes de Cádiz, el canónigo Mariano Robles Domínguez y Mazariegos, presentó un panorama bastante desalentador de la zona y expresó el repudio de los chiapanecos hacia Guatemala. La situación podría describirse sucintamente de la siguiente manera:

> La Capitanía General de Guatemala se independizó de España de forma fragmentada, esto debido a que cada cabildo lo conformaba un grupo de adinerados influyentes con gran independencia política y económica y con manejo ilimitado de los demás grupos. Los cabildos de cada provin-

cia se independizaron de una forma autónoma. En Chiapas, primero lo hizo Comitán y luego los otros cabildos y ayuntamientos. De esta manera, los ayuntamientos siguieron actuando rígidamente ante el poder central. Chiapas lo hizo, primero ante Guatemala y luego ante México.[5]

Al dar fin a la larga lucha por la independencia, sin organización política definida y con un país en bancarrota, Agustín de Iturbide se hizo con el poder, pero contrajo dos onerosísimos préstamos con bancos ingleses, que serían origen de grandes males en todo nuestro siglo XIX. No obstante que se iniciaron las discusiones para preparar una constitución y se dieron algunos pasos en la organización gubernamental, Iturbide cayó en la tentación de erigirse emperador y adoptar un estilo autocrático que muy pronto algunos hombres combatieron. Así, nuevamente se sumió el país en los avatares bélicos.

Al lograr la independencia, la región centroamericana, que no había pertenecido al virreinato de la Nueva España, sino a la Capitanía General de Guatemala, decidió adoptar el Plan de Iguala y unirse a México; sin embargo, la caída del Imperio la empujó a declarar su autonomía tanto de éste como de las Provincias Unidas de Centroamérica. Para el tema que nos ocupa, es interesante señalar que precisamente la región denominada Chiapas, que había sido una intendencia de Guatemala, decidió, en 1821, unir su destino al de México e independizarse tanto de aquélla como de España; incluso, dentro de Chiapas, fue precisamente el ayuntamiento de Comitán el que primero decidió su unión a México. Desde mucho tiempo atrás, Chiapas —salvo la pequeña extensión del Soconusco— venía sosteniendo relaciones económicas y sociales intensas con Tabasco, Oaxaca, Campeche y Veracruz, y se identificaba más con la Nueva España que con la antigua Capitanía. Pero también declaró su separación de México a la caída de Agustín de Iturbide. Como todas las regiones que antes se habían

---

5 Carlos Ruiz Abreu, "Primera parte: 1821-1846" en Carlos Ruiz Abreu, coord., *Historia del Congreso del estado de Chiapas,* tomo I, s/l, LVIII Legislatura del Estado de Chiapas, 1994.

mantenido unidas por el gobierno español, las diferentes poblaciones empezaron a disgregarse y entraron en serios conflictos, pues cada ayuntamiento defendía sus intereses y soberanía.

Los conflictos llevaron a convocar a un plebiscito para decidir el destino de toda la provincia. Después de la declaración del Soconusco como parte de Guatemala, que llevó a un enfrentamiento entre los habitantes de las poblaciones chiapanecas y casi provocó una guerra entre las dos naciones, pues los dirigentes guatemaltecos estaban de acuerdo con la agregación, se llevó a cabo la votación acordada. 55.7% de los votantes hizo posible que el 14 de septiembre de 1824 Chiapas se proclamara parte de México.[6]

Ese mismo año se elaboró la Constitución, que optó por la república federal como organización para la nueva nación; sin embargo, ésta no pudo sostenerse. Dar forma a una nación no era fácil, pues las opiniones y los intereses, tanto políticos como económicos, se dividían. Por un lado estaban los que sostenían que la república federal era la mejor opción, mientras que otros estaban convencidos de que, después de un sistema centralista como el que España había impuesto, sólo una república de este corte permitiría gobernar un país tan disímbolo. Había incluso quienes planteaban, como el padre Servando Teresa de Mier, que la experiencia centralista era necesaria para pasar después a la federal. Todo ello sin olvidar los resabios monarquistas que quedaban entre no pocos mexicanos.

Esta disparidad de criterios, unida a la debilidad económica del país y la fragilidad de sus gobiernos, llevó a las constantes asonadas y levantamientos militares que caracterizaron este periodo. La Guerra de Independencia y las rebeliones militares perjudicaron —a veces gravemente— los intereses de muchos extranjeros avecindados en el país: españoles, franceses, estadounidenses. La inestabilidad y la anarquía, el endeudamiento y la

---

6 35% votó por unirse a Guatemala y a 9.1% le daba igual cualesquiera de los dos países. *Idem.*

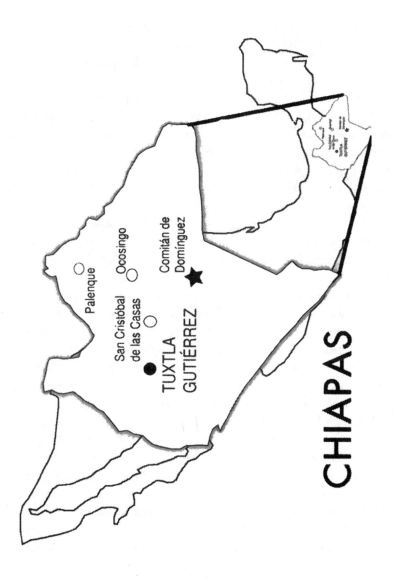

pobreza, además del crecimiento y el predominio de los grupos militares y de la Iglesia, fueron las notas sobresalientes.

Muchos nombres se han dado al periodo; quizá uno de los que mejor refleja esta situación, en la que el caudillaje era fundamental, es el de la Era de Santa Anna, llamada así porque este personaje, Antonio López de Santa Anna, abrazó todos los partidos y todas las causas, desde la federalista hasta la conservadora, pasando por la liberal, para terminar instaurando una dictadura, y ocupó, apoyado alternativamente por cada uno de ellos, la silla presidencial muy repetidas veces. En ocasiones se lo elegía; en otras, se imponía por la vía armada; incluso también se retiraba voluntariamente, para regresar más tarde a corregir algún entuerto —o algún acierto— con el que no estaba de acuerdo. Este estilo de hombre hizo a un lado a otros de la talla intelectual y valía de Valentín Gómez Farías y José María Luis Mora, que han quedado un tanto relegados ante la atracción arrolladora del militar, que oscilaba entre el carisma y la bellaquería.

También se caracteriza esta etapa por las intervenciones extranjeras: una nación joven, inestable y endeudada fue presa fácil de los agiotistas, los oportunistas y quienes buscaron un mejor futuro para sí mismos. En la década de 1830, la primera intervención francesa, que reclamaba —entre otras muchas— las pérdidas de un pastelero, y la separación de Texas, cuyos colonos angloamericanos se declararon independientes porque se había establecido en México una república centralista en lugar de la federal, fueron sólo el preludio de la avasalladora invasión estadounidense, que en la práctica fue de expansión, pues con ella México perdió más de la mitad de su territorio. El pretexto era simple: el gobierno y el congreso de Texas, después de diez años de independencia, decidieron su anexión a Estados Unidos, la cual fue aceptada de inmediato; sin medir las consecuencias, Santa Anna lo convirtió en un asunto de "honor" para la República y trató de impedir la incorporación de Texas a Estados Unidos. Con un pretexto discutible, el presidente Polk declaró la guerra, y las tropas mexicanas no pudieron impedir la ocupación extranjera en buena parte del territorio mexicano, incluida la ciudad de México. El 14 de septiembre de 1847, la bandera de Estados Unidos ondeó en el Palacio Nacional.

Esta guerra (1846-1847) hizo evidente el poderío de la nación vecina y la debilidad de México —condición que era de todos conocida—, pero sobre todo puso de manifiesto la desunión y el precario sentido nacionalista de los mexicanos, punto que particularmente queremos enfatizar, y que se hizo presente cuando uno de los estados de la Federación se declaró neutral (Yucatán) y ciertos grupos prefirieron mantener sus rencillas en lugar de unirse en un solo frente para combatir al invasor. Un ejército de ocho mil hombres había vencido a una nación de ocho millones de habitantes.

Después de la derrota y la mutilación territorial, por un lado, se trató de explicar por qué había ocurrido este desenlace y, por otro, se definieron fundamentalmente dos proyectos para salvar al país, el cual seguía hundiéndose en la bancarrota y el endeudamiento. Una de las propuestas, que tuvo varias vertientes, fue la conservadora, que llegó al punto de promover el establecimiento de una nueva monarquía, ahora ya no en manos de algún militar criollo, sino encabezada por un príncipe de una casa reinante de Europa, al considerar que los mexicanos, por sí solos, no podían gobernarse. La otra propuesta, también con diferentes matices, fue la liberal, y llegó al extremo de plantear el carácter laico del Estado y la expropiación de los bienes del clero. La confrontación de estas dos fuerzas llevó, primero, a la elaboración de una nueva Constitución, la de 1857, y a la guerra civil, después de haber derrocado la dictadura de Santa Anna y, posteriormente, la intervención francesa y el gobierno imperial de Maximiliano de Habsburgo, los cuales fueron combatidos por el bando republicano que encabezaba Benito Juárez.

Como ya se mencionó, fue en 1867 cuando Juárez y los suyos lograron el triunfo definitivo de la República. Durante diez años, los gobiernos de Juárez y Sebastián Lerdo de Tejada, prácticamente aislados del exterior —pues las relaciones con Europa se rompieron al proceder al juicio y fusilamiento de Maximiliano— y afrontando algunas escisiones del grupo, se entregaron a la tarea de consolidar las instituciones, reactivar la economía y reconstruir el tejido social. Precisamente en esta etapa, en 1875, durante el periodo de Lerdo, algunos diputados lograron un cambio constitucional importante que repercutía en el sistema político: la restauración del Senado. Esta institución fue eliminada de la estructura de gobierno durante las discusiones del Constituyente 1856-57, cuando se la consideró contraria a las aspiraciones democráticas. Sin embargo, en esta nueva oportunidad se insistió en la importancia de erigir una Cámara que aglutinara de manera igualitaria y equitativa a los representantes de cada una de las entidades que integraban la federación. Desde entonces se restableció el sistema bicamaral del Poder Legislativo.

La empresa de Juárez y Lerdo ni remotamente había concluido cuando Porfirio Díaz se abrió camino a la presidencia con la rebelión de Tuxtepec. Al triunfar sobre Lerdo y José María Iglesias, Díaz convocó a unas elecciones presidenciales que, por supuesto, ganó. Su primer gobierno se planteó pacificar el país: acabar con los restos de los ejércitos vencidos y con las gavillas de bandoleros que azolaban los caminos, detener las tropelías que algunas partidas de indios seminómadas del norte cometían en su tránsito entre Estados Unidos y México —las cuales ocasionaban un sinnúmero de conflictos entre los dos países— y recuperar el crédito internacional que desde muchos años atrás se había perdido, pagando con toda oportunidad el adeudo al que había sido sentenciado el gobierno mexicano por el Tribunal Mixto Internacional de Reclamaciones establecido en 1868. Otro planteamiento importante fue crear una infraestructura ferroviaria que reactivara la economía nacional.

De esta manera, para 1879, si bien las cosas parecían mejorar, todavía no existía ninguna seguridad al respecto.

Principales ciudades del estado de Chiapas*

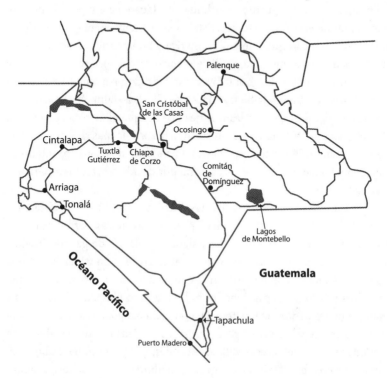

Chiapas, su estado natal

Estos movimientos políticos y militares, característicos del siglo XIX, no afectaban por igual todas las regiones que integraban el país; algunas salían mejor libradas que otras. Sin embargo, no fue el caso de Chiapas, a pesar de su distancia del centro y su acceso difícil por la geografía de la zona.

---

* Mapa actual.

Recuérdese que el estado de Chiapas se localiza en el extremo sur de nuestro país: por el sureste colinda con Guatemala y por el suroeste baña su litoral el océano Pacífico. Esta zona se asienta en el extremo de un puente montañoso que une Norteamérica y Sudamérica, desde el Istmo de Tehuantepec al de Panamá. Este macizo montañoso, en Chiapas, se divide en dos partes: las montañas centrales del norte, que han recibido numerosos nombres, y la Sierra Madre de Chiapas, también llamada Sierra Madre del Sur. Una de las razones por las que el Soconusco era tan disputado es precisamente porque resulta la zona de más fácil acceso desde Centroamérica al altiplano central. Entre estas dos zonas montañosas puede apreciarse una depresión central por donde corren el río Grijalva y sus afluentes.

Aunque en sentido estricto la ciudad de Comitán se localiza en la zona de los Altos, se trata de una llanura cuyas tierras permiten el cultivo de maíz, trigo, caña de azúcar, algodón y la cría de ganado bovino, y que tiene una posición estratégica —incluso se la considera una zona "bisagra"—, pues se encuentra en la confluencia de la depresión central, los Altos y la Selva Lacandona; por ello era paso obligado de arrieros y viajeros provenientes de Guatemala, Quetzaltenango, Zapatula y el Soconusco. Durante la Colonia, esta zona estuvo poblada por tojolabales —en vecindad muy estrecha con tzeltales y cabiles, aunque también hubo asentamientos coxoh, tzotziles y totiques, y era lindero de mochós, lacandones, chujes, kanjolabales, mames y jacaltecos, lo que habla de su riqueza étnica. En el siglo XVIII se les arrebataron sus tierras a los tojolabales y se los convirtió en peones acasillados. A partir de ese momento se los fue desplazando hacia las cañadas de la selva.

Los innumerables puntos en los cuales la floreciente cultura comiteca se nutre de savia india (comenzando por los peculiares giros fonéticos y gramaticales de su lenguaje) y aquellos, no menos abundantes, en que el mundo tojolabal se reconoce a su vez en lo "comiteco", hacen imposible, a más de ocioso, intentar un marcaje arbitrario de "fronteras culturales" entre ambas tradiciones. Ubicar dónde comienza la una y termina la otra, si es que tal cosa puede hacerse, equivaldría a separar la continuidad entre la flor y el fruto.

El corte, más que en los rasgos culturales, se antoja necesario en los rubros económico y de dominación política; campos donde desde hace siglos comenzó a divergir la historia de los habitantes de la antigua provincia de Los Llanos, envolviendo en una interacción múltiple, polifacética y continua, a la población racialmente reputada como india, a aquella otra de origen biológico indio, pero culturalmente "ladinizada", a los grupos minoritarios que formaban los grupos mestizos biológicos de todo tipo y los escasos criollos que se preciaban —a menudo sin razón— de su ascendencia puramente española.[7]

Los indígenas llamaron a esta población Balun Canan, que en tzeltal quiere decir "Ciudad de las nueve estrellas";[8] el nombre náhuatl de Comitán ha logrado sostenerse a través del tiempo y significa "El lugar de la olla o de las ollas" o "junto a, entre, cerca de, la olla o las ollas".[9] En 1813 fue declarada ciudad de Santa María de Comitán; después se la denominó

---

7 Mario Humberto Ruz, *Savia india, floración ladina. Apuntes para una historia de las fincas comitecas (siglos XVIII y XIX)*, México: Conaculta, 1992. Este libro tiene por objeto, dicho en palabras de su autor: "Bosquejar el despojo de tierras que sufrieron los tojolabales y otros pueblos indios vecinos, y la consolidación del sistema de servidumbre a que fueron sometidos".

8 De acuerdo con la información proporcionada por el doctor en antropología y etnohistoriador Mario Humberto Ruz, la versión tzeltal del nombre de Comitán es la que prevalece, pues se trataba de una lengua de prestigio, aun entre los tojolabales; en la lengua de éstos, el mismo significado se escribiría de una manera distinta. Por otro lado, este grupo siempre se refirió a Comitán como Chonab, que significa "mercado". Sin embargo, hay quienes insisten que es un nombre tojolabal.

9 Rémi Siméon, *Dictionnaire de la langue nahuatl ou mexicaine*, París: Impremiere Nationale, 1885; Fray Alonso de Molina, *Vocabulario en lengua castellana y mexicana y mexicana y castellana*, prólogo de Miguel León Portilla, México: Porrúa, 1992; Telma Sullivan, *Compendio de la gramática náhuatl*, México: Instituto de Investigaciones Históricas, Universidad Nacional Autónoma de México (UNAM), 1976.

De las Flores, por la variedad de las que adornaban sus calles y los campos cercanos; y ahora se llama Comitán de Domínguez, en memoria de nuestro personaje. En el siglo XIX, las tres actividades que dieron vida a la población fueron la arriería, la herrería y el comercio. Precisamente hacia fines de ese siglo, era la ciudad que tenía el mayor número de habitantes en Chiapas, más aún que las dos que se disputaban la cabecera estatal.

El enfrentamiento de una zona con otra del mismo estado fue una nota constante a lo largo del siglo XIX y parte del XX. Por ejemplo, en 1826, la disputa por el Soconusco llevó a Guatemala a movilizar sus tropas hacia la zona, y como el gobierno mexicano también lo hizo, se tuvo que optar por la vía diplomática para evitar la guerra: las tierras que estaban en pleito se declararon neutrales hasta que se celebró un tratado de límites entre los dos países. Con el tiempo, en 1842, el retiro de las fuerzas guatemaltecas y el deseo de autoridades y vecinos de pertenecer a México permitió emitir un decreto por el cual se declaraba "la unión irrevocable" del Soconusco a esta última nación.

Los problemas internacionales de la zona encontraron salida, pero no las dificultades internas de Chiapas. Así como en el nivel federal las revueltas fueron una constante, también el ámbito estatal hubo de sufrirlas —tan sólo entre 1830 y 1846 se puede localizar el registro de diecisiete gobernadores—; en ocasiones, además de la sustitución de un gobernante, llevaron a decidir el cambio de residencia de los poderes. De esta manera, en 1833, aunque varias poblaciones se propusieron para tal efecto, entre ellas Comitán —que se desechó por ser frontera y no haber apoyado a un determinado comandante—, la capital del estado se trasladó de Ciudad Real (después llamada San Cristóbal de las Casas) a Tuxtla. Cabe señalar, aun sin adentrarnos demasiado en ese tipo de conflictos, que las diferencias no obedecían sólo a posiciones políticas, sino también —o más bien de manera principal— a conflictos de intereses agrarios, y que los involucrados directamente en ellos eran los pobladores blancos de estos lugares, que de tiempo atrás venían despojando de sus tierras a los indígenas, y además los hacían partícipes de sus enfrentamientos.

Es preciso decir que por parte de los grupos indígenas también hubo movimientos de descontento y rechazo a esta situación, pues de poseedores pasaron al estatus de servidumbre o peones, y que las deudas personales y aun las heredadas los ataban a las fincas, además de que los castigos corporales en manos de los finqueros estaban legalizados: "Los amos sólo podrán castigar con encierro, cadena o corma, aquellas faltas de respeto, desobediencia u otras faltas que cometan sus sirvientes; mas los delitos deberán ser juzgados por la autoridad correspondiente".[10]

Incluso, estos descontentos provocaron movimientos a los que erróneamente se ha llamado *guerra de castas*, pues nunca tuvieron como propósito la destrucción de los blancos. Precisamente, el movimiento chamula de 1869-1870, que así se ha considerado desde la perspectiva ladina, tenía como propósito: "Cultivar sus tierras en paz, controlar sus propios mercados y venerar libremente a sus santos [...] La masacre de que fueron objeto fue una [muestra] de la deshumanización de quienes no los consideraban como personas, sino como objetos, como 'recursos' por cuyo control había que luchar".[11]

Podría afirmarse que el siglo XIX, particularmente de la Independencia a los años setenta, fue el siglo de la disputa ladina por el control de la tierra y de la fuerza laboral, y que dicha rencilla alcanzó en algunos momentos tintes bastante severos, al mismo tiempo que depauperó a los

---

10 Manuel B. Trens, *Historia de Chiapas: desde los tiempos más remotos hasta la caída del segundo Imperio*, tomo 1, México, cit. en Antonio García de León, *Resistencia y utopía. Memorial de agravios y crónica de revueltas y profecías acaecidas en la provincia de Chiapas durante los últimos quinientos años de su historia*, volumen 1, México: Era, 1985, p. 153.

11 Jan Rus, "¿Guerra de castas según quién? Indios y ladinos en los sucesos de 1869", en Pedro Viqueira y Mario Humberto Ruz, ed., *Chiapas, los rumbos de otra historia*, México: Instituto de Investigaciones Filológicas, Centro de Estudios Mayas, UNAM, Centro de Investigaciones y Estudios Superiores en Antropología Social, Centro de Estudios Mexicanos y Centroamericanos, Universidad de Guadalajara, 1995.

indígenas, "un hecho que la facción liberal ladina asentada en las Tierras Bajas intentó aprovechar hacia la mitad de la década de 1860, poniendo a los indios en contra de sus rivales conservadores y de los aliados que éstos tenían en la Iglesia".[12]

En plena guerra con Estados Unidos, esta confrontación entre liberales y conservadores seguía expresándose en Chiapas. Tuxtla, Chiapa y Comitán eran los reductos liberales: allí residían algunos de los hombres interesados en las propiedades dominicas; en cambio, se reconocía a San Cristóbal de las Casas como el centro conservador que protegía las propiedades del clero. Lo mismo ocurrió durante la dictadura santannista o la Revolución de Ayutla: cada grupo llevaba agua a su molino. Muchas de las disposiciones liberales, que parecían atender ciertos problemas sociales, en realidad buscaban golpear a sus contrarios, pues, sin distinción, ambos grupos explotaban a los indígenas y, además de enajenarles sus propiedades, no permitían que se beneficiaran de la posibilidad de adquirir tierras. En este sentido, la historia de Chiapas muestra con lujo de detalles, difíciles de creer, el trato oprobioso que los blancos y mestizos dieron a los indígenas, ya que las quejas de éstos se escucharon y se promovieron cuando denunciaban los despojos realizados por los conservadores, pero en la práctica los liberales no hicieron nada por devolverlas ni por impedir de manera radical el maltrato; en cambio, aceptaron en 1856, por poner sólo un ejemplo, la Ley Lerdo, que desamortizaba la propiedad comunal, y, no aplicándola, sino abusando de ella, se saqueó aún más a las comunidades indígenas.

Entre los chiapanecos conservadores podemos señalar —sólo por ubicar algunos nombres— a Martín Quesada, Juan P. Franco, Clemente F. Robles y Prudencio Larráinzar, que estaban comandados por este último. Por su lado, el jefe nato de los liberales fue Ángel Albino Corzo, y compartían sus mismas posiciones ideológicas Matías Castellanos, Vicente Macías y Manuel Fernández, entre otros. "Mediante 'denuncias' de tie-

---

12 *Ibid.*

rras, prácticas agiotistas, así como la venta de bebidas alcohólicas y bienes de consumo a precios inflados, aquellos 'hacendados' lograron [... entre 1826 y los primeros años de la década de los cincuenta] convertir a más de una cuarta parte de la población india de Chiapas de aldeanos 'libres' en peones y obreros permanente —y legalmente— dependientes".[13]

Para enero de 1858 se promulgó una nueva Constitución estatal y al año siguiente se estableció la separación entre la Iglesia y el Estado, se nacionalizaron los bienes eclesiásticos y se suprimieron las órdenes religiosas. Estas medidas, lejos de desvanecer las diferencias, las recrudecieron. El estímulo a la instrucción pública y las leyes con respecto al registro civil y la secularización de los cementerios alteraron los ánimos, y Comitán se vio amenazada en 1859, por lo menos en dos ocasiones, por las fuerzas armadas enemigas, conservadoras, comandadas por un hombre llamado Ortega, que se alzaron al grito de "Religión y fueros"; en una de ellas, deshaciendo el cuartel y quemando las casas de particulares —entre otras, la de Matías Castellanos y la de Cleofas Domínguez, conocidos por sus ideas liberales, quienes a su vez expresaban su ideario bajo el lema "Dios y libertad"—, y en otra ocasión, destrozando bienes de la población civil. Los poderes estatales se establecieron en Chiapa, y muy poco tiempo después, en Tuxtla. Los conservadores se hicieron de San Cristóbal. Sobre José Pantaleón Domínguez, tío de don Belisario, es necesario acotar que era un jefe militar; ya desde 1857, el gobernador liberal Ángel Albino Corzo lo había nombrado director de la comandancia militar de la zona del Soconusco. Finalmente, Pantaleón venció al año siguiente al grupo rebelde que había atacado su pueblo natal.

Durante la Intervención Francesa y el Imperio se estableció en San Cristóbal un gobierno que simpatizó con esta propuesta, el cual desapareció al triunfar la República, si bien los enfrentamientos no escasearon durante esos años, pues el gobierno liberal estaba establecido en Tuxtla. Precisamente a las pocas semanas del nacimiento de Belisario, en 1863,

---

13 *Ibid.*

hubo un ataque a Comitán por parte de las fuerzas imperialistas que deseaban ocupar la zona, el cual fue repelido, no sin que el combate causara varias bajas en ambos contingentes. En ese combate, Cleofas, el padre de Belisario,[14] resultó herido en una pierna, estrago que provocó que se la amputaran tiempo después. Esta participación hace evidente la cercanía de los Domínguez con el núcleo liberal y sus intereses económicos y territoriales en la zona.

Las tribulaciones de la familia Domínguez no fueron en vano, ya que la causa liberal resultó triunfadora, aunque ya desde 1864 Pantaleón fue designado gobernador militar por Porfirio Díaz, ante la amenaza de una ruptura total del orden en el estado. Tres años más tarde fue electo gobernador y pudo sostenerse en el cargo hasta 1876, no obstante que hubo varios intentos para derrocarlo. No pudo concluir el tercer periodo de gobierno acusado de perpetuarse en el poder. En muchas obras se ha insistido en la filiación liberal de Pantaleón y Cleofas; sin embargo, Jan Rus sostiene que el primero de ellos no pertenecía a ninguna facción política, que sus partidarios eran los miembros del batallón chiapaneco que él mismo había encabezado contra los franceses en 1862 —incluso, recuérdese que desde años atrás ya era un militar de cierta importancia. Por ello, no sólo combatió las guerrillas conservadoras, sino también dos pronunciamientos liberales, aunque, desde luego, tenemos que insistir, sus intereses estaban más cerca de los de estos últimos. A él se debe, cuando en el país se tomaban algunas medidas conciliadoras al triunfo de la República, la campaña sistemática para debilitar la influencia que la Iglesia y los conservadores tenían sobre los indios, con la finalidad de que no volvieran a amenazar la seguridad de la zona o a bloquear el acceso de los hombres de Los Llanos a la mano de obra indígena de Los Altos.

---

14 Blanca Domínguez de Diez Gutiérrez, *Belisario Domínguez. Su vida y su época*, México: Época [c. 1969]. El libro incluye documentos. Parte militar de Matías Castellanos.

A partir de los años sesenta se inició un nuevo proceso: la compra de tierras en las zonas húmedas, más adecuadas para la producción ganadera. Así, el ganado se criaba en los valles centrales, se trasladaba a engordar a las zonas húmedas tropicales (norte, selva, costa) y luego se llevaba en pie a vender a Tabasco o a las monterías, es decir, a las compañías madereras o caucheras. Las familias liberales fueron las más favorecidas. En este proceso se puede apreciar el robo a las comunidades de indios y ladinos[15] pobres, el origen social de los gobernantes, la acumulación de capitales y las pugnas y alianzas presentes desde esta etapa hasta la segunda década del siglo XX.

También por estos años, ciertos inversionistas extranjeros y empresarios de otros estados vecinos se aliaron con los liberales, ante el rechazo de los tradicionalistas, que no aceptaban que penetraran en la zona; sólo que en este caso el proceso fue un poco más lento y se intensificó durante el Porfiriato. Capitales estadounidenses y europeos establecieron compañías madereras y caucheras, plantaciones de café y empresas explotadoras de petróleo. Los comerciantes de Tuxtla, interesados en la importación de productos como el cacao, añil, tabaco, etc., fueron los árbitros de muchos conflictos entre estos dos grupos, hasta convertirse en el hegemónico y el que facilitó la entrada del capital extranjero.

En la zona de Comitán, la familia Domínguez, particularmente, José Pantaleón, Quirino y Vicente, tuvo un papel importante en la adquisición de tierras indígenas por denuncia. Se llegó al extremo de que el primero, siendo gobernador, sostuviera un litigio por este motivo con el pueblo de Santa Bárbara Bajuc'ub.[16] Es importante precisar que no es el

---

15 En Chiapas, frente al indígena, el ladino representa al "otro"; es el blanco, el mestizo, el opresor de siglos; incluso, el que alguna vez fue indígena, pero que ya no lo es más, desde el momento en que se ladiniza. Se trata de un concepto identitario.

16 García de León, *op. cit.* Quirino era el padre de José Pantaleón y Cleofas, además de Nicolás y Gregorio. También tuvo una hija llamada Quirina. Es probable que Vicente fuera hijo de alguno de los hermanos, pues así se había llamado el padre de Quirino. Éste, el padre de Cleofas, era de Comitán, y su madre, de Guatemala: el mismo patrón de matrimonio se repitió en el caso de Cleofas y en el de Belisario.

caso de Cleofas, quien siguió en el giro comercial, y no de grandes vuelos, por cierto.[17] Las tiendas que llegó a poseer lo mismo vendían casimires y ropa manufacturada que un pequeño paquete de sal o canela; había de todo. Por los libros de cuentas también es posible apreciar que había clientes que hacían sus compras a crédito y que algunos eran indígenas de las zonas cercanas a Comitán. Asimismo, puede afirmarse que don Cleofas fue prestamista, a veces con fiador, otras, bajo prenda, a manera de empeño e hipoteca, respectivamente.[18]

Pero la guerra sólo era una parte de las dificultades por enfrentar. No hay que olvidar que, hacia 1840, Chiapas contaba con 150 000 habitantes, y se reconocía, a través del censo, una diversidad étnica que resultaba poco precisa e incompleta: "ladinos, indios, quelenes, tzeltales, zoques, mames, chiapanecos, mexicanos, mayas y gente de color". La actitud hacia los indígenas, como ya se ha señalado, era por demás desconsiderada, discriminatoria e injusta: ni siquiera se reconocían los diferentes grupos existentes en el estado, que contaba con una de las poblaciones más variadas y ricas en términos étnicos, lingüísticos y culturales.

En pueblos dispersos, de tiempo atrás desatendidos y abandonados a su suerte, la guerra propiciaba la expansión de enfermedades como el cólera, que en 1849 hizo severos estragos y se dejó sentir de manera particular en Comitán. Ocho años más tarde, esta misma enfermedad y la viruela golpearon a los chiapanecos, que, para colmo, vieron arrasadas sus sementeras, y los campos en general, por la plaga de langosta.

Como es fácil suponer, estas circunstancias locales no hacían mejorar las cosas para Belisario: más bien las empeoraban. Era preferible emprender el largo camino para llegar a Europa que continuar en las tierras

---

17 La situación económica de Cleofas puede comprobarse en su testamento. Testimonio y primera copia [...], *op. cit.*

18 Libros de cuentas. Biblioteca de Belisario de Domínguez —en adelante usaremos en el aparato crítico la abreviatura BD, y para la Casa Museo Dr. Belisario Domínguez, CM.

en las que sus familiares —entre ellos, nada menos que el hermano de su padre— eran caciques, porque no se compartía el proyecto de vida, aun cuando se perteneciera al mismo grupo social. Es muy probable que, como se ha reiterado, Belisario fuera criado en un "ambiente de austeridad y virtudes patrióticas" —pues, como ya se mencionó, hay evidencias contundentes de que don Cleofas no llegó a alcanzar el nivel socioeconómico de Pantaleón— y que desarrollara una particular sensibilidad y preocupación por los desamparados, que nunca llegó a la confrontación abierta por la defensa de sus derechos, pues en esa época no se les reconocía ninguno. El impulso por lograr una formación profesional rigurosa y adquirir una cultura más amplia no parece provenir del seno familiar de los Domínguez: ninguno de sus muchos hermanos siguió un camino semejante; lo más probable es que el aliento del que se derivaron sus propias ensoñaciones lo recibiera de sus maestros. Incluso, tampoco había un ambiente educativo favorable en el estado. En 1874, el gobernador informaba que de 5 956 jóvenes aptos para el aprendizaje, sólo quinientos sesenta eran estudiantes.[19]

Precisamente, uno de los profesores de Belisario, el de francés, Labbé, además de felicitarlo en 1876 por su escritura, hacía notar sus capacidades y habilidades —"Enseñé vuestra carta a varias personas de San Cristóbal, no puede estar mejor para la edad que tiene usted [doce años], valor y estudie siempre bien"—, le daba consejos de lo más diverso y le ofrecía su apoyo. Por ejemplo: puso su casa a su disposición, para darle cobijo a él y su caballo, y le sugería que primero perfeccionara su manejo del francés, para que luego estudiara, y así aprovechara más, el inglés, "puesto que es difícil de estudiar 2 idiomas al mismo tienpo [*sic*]". Prueba de la inestabilidad de la vida política es que el profesor anunciaba una revuelta para unos meses más adelante, por lo que proponía en su misiva que se

---

19 Samuel Rico Medina, "Tercera parte: 1877-1910", en Ruiz Abreu, coord., *op. cit.*

enviara a Belisario a la ciudad de México a seguir estudiando, hasta que pasaran las elecciones.[20]

Antes de partir a Francia, su otro profesor, Braulio García, indudablemente más cercano, escribía desde Comitán a Belisario —éste, muy probablemente en San Cristóbal—, reiterándole su afecto y consejos:

> ... me ocupo solamente en manifestarte hoy más y más, mi aprecio, cariño y deferencia tanto más, cuanto que me dices que conservas y practicas mis consejos con la integridad y exactitud que de él espero como hijo nacido de arreglados padres. Mucho deseo tu aprovechamiento y no dudo que si la religión y la moral son siempre el norte de todas tus acciones, llegarás a ser la lumbrera y antorcha brillante de tu país natal y el apollo [sic] de tus buenos padres, ya que el cielo te ha dotado de esquisitas [sic] disposiciones para caminar rápido a tu aprovechamiento.
>
> Conozco tus buenos sentimientos, y esto me hace presagiar en ti un porvenir feliz y venturoso; pero si desprecias las exhortaciones que gustoso te inculcaba cuando estabas a mi lado, si haces más caso a la seducción de malos amigos, que de mis consejos que sólo veían tu bien, mejor fuera que permanecieras sumido en la ignorancia, y no que la ciencia te sirva para más agigantados males.
>
> En fin, amado Belisario, no dejes de escribirme.[21]

Así, a sus dotes y gusto por el estudio se agregó una educación familiar calificada por los de fuera como virtuosa, las posibilidades económicas de su familia, que podía apoyar esta movilidad, indudablemente costosa, no

---

20 San Cristóbal, Chiapas, 24 de enero de 1876, CM. Apenas unos días antes, el 3, el profesor cambió de residencia, dejó Comitán para avecindarse en la capital del estado. El hecho dejó una huella profunda en Belisario, pues lo registró en su "Hojas de recuerdos", CM. En estas hojas anotó nacimientos, bautizos, matrimonios, muertes, visitas, entre otros hechos, y este alejamiento de su maestro de francés. Documento incompleto.

21 Braulio García a BD. Comitán, 12 de abril de 1879. CM.

sólo porque implicaba gastos de manutención en otros lugares, sino también porque significaba no incorporar fuerza de trabajo masculina —en esa época la más apreciada— a los negocios propios, y la cercanía de sus profesores que, insistimos, valoraron sus capacidades, lo orientaron y lo ayudaron a que imaginara y anhelara un mundo diferente del que vivía.

Capítulo 2
Los años de estudio y el regreso a Comitán

Solo en París

En las postrimerías del siglo XIX, Francia, concretamente París, era la meca de la cultura mundial. De allí irradiaban a todas partes las novedades científicas, literarias y artísticas. No importaba que no se produjeran en esa ciudad, finalmente era en París donde se sancionaban y distribuían por doquier. Por algo la llamaron la Ciudad Luz.

La influencia francesa se sentía en todas las naciones del mundo occidental y dondequiera que éste hacía su entrada. Esta influencia cultural, unida a la colonización económica del imperialismo decimonónico, sujetaba a los países menos desarrollados, provocando una dependencia hacia los más avanzados muy difícil de romper.

En el México de 1867, el gobierno juarista encomendó al doctor Gabino Barreda la planeación de la educación estatal, que aún no había podido definirse ni estructurarse. Formado en Francia, y alumno directo de Augusto Comte, Barreda reformuló, entre otras medidas, el nivel de estudios previo al ingreso a los estudios universitarios, basándose en la propuesta filosófica positivista de Comte, tanto en lo que se refería a la jerarquía de las ciencias que este filósofo planteó, como en la confianza y seguridad de que sólo a través del avance científico y la aplicación de la ciencia podrían resolverse los problemas de toda índole que se le presentaran a la humanidad. Sin duda, una visión optimista, que dejaba al tiempo y la voluntad humana los descubrimientos que todavía hacían falta para alcanzar "la felicidad del hombre".[1]

El modelo de la Escuela Nacional Preparatoria de Barreda fue imitado en los diferentes estados con mayor o menor atingencia —lo que no importa en este caso—, debido a que representaba la modernización educativa y la posibilidad de estar algún día a la altura de las grandes potencias, aspiración permanente en nuestro país. Lo que debe resaltarse es la fe que se puso en la propuesta: la esperanza de que —sin importar la desigualdad, ni que ésta fuera económica y social— la educación era el camino para ese progreso tan necesario para el país, idea, por otro lado, ya introducida con la Ilustración: la confianza en la ciencia, y la certeza de que el lema del positivismo, "orden, progreso y libertad"—adaptado al ámbito mexicano como: "orden, progreso y amor", y que, finalmente, a lo largo del régimen porfiriano quedó reducido a los dos primeros sustantivos—, era todo un proyecto para construir el futuro.

No resulta extraño, entonces, que al salir de México, el lugar elegido por un joven estudiante para llegar lejos, hablando profesionalmente, fuera París.

Al finalizar 1879, el 13 de octubre, para ser exactos, salió de Comitán por Quetzaltenango para llegar a París el 9 de noviembre. Su hermano Evaristo, mayor que Belisario y sólo hijo de su padre, lo acompañó y permaneció con él varios meses para ayudarlo a instalarse, y quizá para hacerle ver cómo podía valerse por sí mismo y mostrarle los riesgos que corría un adolescente en la gran ciudad que, así como ofrecía los adelantos científicos más decantados y la cultura más exquisita, abría las puertas de

---

1 Charles Hale, *La transformación del liberalismo en México a fines del siglo XIX*, traducción Purificación Jiménez, México: Vuelta, 1991. (Reflexión).

la vida bohemia, las diversiones —aun las más exóticas—, los extravíos de la pasión y los vicios. Cada cual escogía su camino.

Así, Evaristo dejó a su hermano instalado en la casa de la familia Bidot, que podía ofrecer seguridad y comodidad a su estancia, mientras cursaba el bachillerato en la Institution Chevallier,[2] y regresó a México. Belisario, por su parte, ya solo, ofrecía a su padre escribir cuando menos una vez al mes y, al hacerlo, informaba que sus estudios iban "como siempre" perfectamente bien, y aseguraba que su propósito era que continuaran "hasta su fin" de la misma manera. Además, daba seguridades sobre su conducta:

> Por fin, ya me quedé solo en esta gran ciudad; pero no se aflijan por eso, porque me considero demasiado fuerte para manejarme en ella, tanto porque permanezco siempre firme en la observación de una buena conducta, como porque Evaristo, en el tiempo en que estuvimos juntos, me hizo conocer todos lo peligros en que podía encontrarme y, que, por consiguiente, debía evitar.[3]

Se trata, pues, de un joven que tenía plena confianza en sí mismo y que sabía lo que quería, y aun se daba ánimos para pedir a su padre apoyo para su hermano: "Papacito, Evaristo me sirvió aquí hasta última hora, como Usted que me quiere tanto lo podía desear [...] Su comportamiento de hermano no podía ser mejor, y a mi turno le suplico muy encarecidamente que ahora que lo necesita, lo ayude U. en sus negocios".

---

2 Belisario Domínguez, "Hojas de recuerdos". CM. Varios autores insisten en que el bachillerato lo cursó en dos instituciones, Springer y Chevallier; hemos optado por consignar sólo la última, pues es la que el propio BD anotó de su puño y letra en estas hojas.

3 BD a Cleofas Domínguez. París, 5 de abril de 1880. CM. Héctor Olea, *Vida de Belisario Domínguez (1863-1913),* México: Cámara de Senadores, 1965, pp. 72 y 73. Esta carta aparece en varios libros.

El tono de la correspondencia de Belisario siempre fue de cariño y profundo respeto hacia sus padres y hermanos. De acuerdo con Héctor Olea, durante su estancia en Europa, envió más de un centenar de cartas a su familia, en las que daba cuenta de sus estudios, sus viajes —realizados durante las vacaciones—, su estado de salud y los problemas financieros por los que llegó a atravesar. En ellas comparte sus lecturas, escritos y algunas de sus ideas sobre la vida y el mundo.[4]

Belisario terminó el bachillerato en 1883; al parecer tuvo que llevar algunos cursos en el Colegio del Estado para tener acceso a la Universidad. El 16 de octubre del año siguiente cumplió una de sus más importantes aspiraciones: ingresó a la Universidad de Francia. Realizó sus estudios profesionales, "de doctorado", *avec succès*, es decir, con éxito, en la Facultad de Medicina de París y los concluyó el 30 de abril de 1889.[5] Presentó los exámenes que le permitirían llegar al grado de médico profesional en el Hospital Broussais La Charité, y sostuvo su examen de tesis un miércoles 17 de julio del mismo año, a las trece horas, ocasión en la que presentó un trabajo sobre la enfermedad de Maurice Raynaud. Domínguez sostenía en ella que la asfixia de las extremidades que ocasiona la gangrena se debe a la contracción anormal de la arteria, y que esta contracción tiene un origen nervioso. Para tratarla sugería transmitir electricidad a nivel de la quinta vértebra lumbar.[6]

---

4 Desafortunadamente no hemos tenido acceso a esas cartas, quizá en poder de los descendientes de Belisario, las que nos parecen insustituibles para comprender al personaje. Sin embargo, cabe señalar que en la CM se exhibe una gran cantidad de pequeños documentos sobre su estancia en París: boletos de transportes y teatros, propaganda, tarjetas personales, postales, etcétera.

5 Certificado de la Universidad de Francia expedido el 1 de mayo de 1889. CM.

6 En la actualidad, se sabe que las arteriopatías dan lugar a una serie de lesiones características. Los síntomas se observan de manera preferente en las manos y los pies. Las arteriopatías por vasoconstricción son: el fenómeno de Raynaud, la enfermedad de Raynaud y el síndrome de Raynaud, además de otras dos: la acrocianosis y la livedo reticularis. También se ha determinado que, entre otras muy diversas causas, esta enfermedad puede ser provocada por otras enfermedades del sistema nervioso, como la neuritis periférica, la hemiplejía y la espina bífida.

Al finalizar 1883, cuando tenía veinte años, el cónsul de México en París hizo su descripción: soltero, de estatura regular —sólo un metro sesenta y cuatro centímetros—, trigueño, ojos grises, nariz regular, boca grande, pelo negro, sin señas particulares.

En algún momento abandonó la casa de la familia Bidot para vivir más independiente en una casa de departamentos atendida por *Madame* Weill. En el número 33 de la calle de Gay Lussac.

Su vida no se redujo a París. Sabemos que en 1881 estuvo un mes en España, pues partió para Madrid, y que pasó dos meses en Santander en 1884. También visitó los baños de mar de Dieppe. A principios del año siguiente, recibió la visita de su hermano Evaristo, aunque también registró los encuentros con gente de Comitán, y de algunos otros lugares, que viajaba por Europa. Cuando los estudios y los recursos se lo permitían, asistió al teatro, aunque fue en muy pocas ocasiones, pues no parecía ser muy asiduo a estos espectáculos, o bien su economía le imponía restricciones.

Se asegura también que en París hizo sus primeros acercamientos a la masonería;[7] sin embargo, en la Casa Museo no hay muchas evidencias que nos hablen de una práctica masónica rigurosa. La ausencia de partidos políticos organizados y definidos en el México del siglo XIX se resolvía parcialmente dentro de las logias masónicas: aunque no lo fueran todo, allí se daba inicio a una identificación ideológica, se estrechaban relaciones de grupo, se vinculaban las organizaciones afines, se obtenían apoyos, se construían liderazgos, etcétera.

En París no todo fue grato: también hubo dificultades y penas. En agosto de 1886 murió su abuela materna, Mamá Lola, y ese mismo año hay registro de la estrechez económica que, al menos por temporadas, llegó a padecer.

---

7 Luciano Alexanderson Joublanc, *Belisario Domínguez. Héroe civil de México,* prólogo de Carlos Román de Celis, segunda edición, México: 1978. Olea rechaza contundentemente esta posibilidad. En la CM hay una placa de homenaje de una logia al doctor Domínguez, que tampoco aclara nada sobre su pertenencia a la masonería.

Afectuoso como siempre, informó a su padre en el mes de marzo que sus estudios iban bien, pero no así la parte financiera:

> He pasado y estoy pasando los más crueles apuros. Los fondos se me concluyeron desde el mes de diciembre último. He tenido para poder continuar mis estudios, porque me están prestando a derecha e izquierda. A los señores Delimière y Béistegui no había querido pedirles prestado temiendo que me lo fuera a rehusar; pero el 24 de febrero no tuve más remedio que pedirles 500 francos ($100). Debo ahora por todo unos 900 francos ($180).

Y, aunque se lamenta por esta situación, se manifiesta más preocupado por su familia. Sin embargo, lo que sorprende en esta carta es que afirma que no es nueva esta carencia. De allí que surjan preguntas para las que no tenemos respuestas claras: ¿cómo se sostenía en París?, ¿quién lo apoyaba económicamente?, ¿trabajó mientras estudiaba, cuando menos por temporadas?, ¿cómo resolvió este problema? Las guías de la Casa Museo aseguran que su hermano Evaristo fue quien lo ayudó, y así queda demostrado, cuando menos parcialmente, por las dos visitas que hizo a Belisario y porque éste, en su primera carta, asegura que le dejó dinero suficiente para varios meses. Pero también es cierto que en esta carta reconoce que sus economías dependen de su padre:

> Creo padre mío que sus negocios deben ir mal: esto me aflige, no por mí, sino por mi queridísima familia. Yo estoy acostumbrado a la miseria, y me importa poco andar roto y no tener ni camisa que ponerme; lo he enfrentado con calma. Lo que sí me preocupa mucho es tener que suspender mis estudios cuando van en tan buen camino y cuando ya me faltaba poco para irme a ser útil a la familia. Pero hay que tener valor padre mío, yo soy muy constante y no me desconsuelo. Si nos faltan recursos tardaré más tiempo en terminar mi carrera, pero yo la he de concluir, de eso no le quepa duda. Cuánto tiempo más tardaré? [sic] Eso sí no puedo decírselo, todo depende de cómo me ayude la suerte, no sé ni lo que voy

a hacer pero trataré de ganarme la vida sea como fuere con tal que sea honradamente y en cuanto yo reúna algo volveré a tomar mis estudios con el mismo afán.

En fin, papacito, valor y paciencia. No debo ocultarle que de ese modo dilataré bastante en concluir mis estudios pero ponga el tiempo que pusiere, le prometo que yo me he de recibir de médico y que en cuanto acabe volveré a alcanzarlos y a servirles en todo, pues de día en día me siento más ansioso de volverlos a ver y poderles ser útil.[8]

Pedía a su familia, por último, que le escribieran, y reiteraba que ni él ni el padre debían dejar pasar un mes completo para escribir.

No es posible saber con precisión las dificultades económicas de don Cleofas o cómo resolvió Belisario su insolvencia. El padre declaró, al hacer su testamento, haber tenido altas y bajas en sus negocios, y que fue hasta 1892 cuando empezó "la peor de las épocas fatales en mi ejercicio comercial", la cual se prolongó por dos años más.[9] También sabemos que en 1885 vendió cuatro tiendas a Policarpio Valenzuela, comerciante de Tabasco. Tres de ellas, en la plaza principal de Comitán, que don Cleofas había construido en el sitio que había pertenecido a una de sus hermanas y que le compró en 1874, por las que le dieron tres mil pesos, y una más, que realizó, "con sus respectivos estantes y mostradores y con todas las servidumbres y derechos permanentes", por ochocientos pesos.[10] La carta de Belisario es tres meses posterior a dicha venta, la cual seguramente efectuó su padre obligado por una de esas malas rachas, pues sólo así se explica que un comerciante del lugar le vendiera a un fuereño sus locales en el centro de la población.

---

8 BD a Cleofas Domínguez. París, 12 de marzo de 1886. CM.

9 Testimonio y primera copia [...], *op. cit.*

10 Escritura de venta de tres tiendas otorgada por don Cleofas a favor de Policarpio Valenzuela; Escritura de venta de una tienda otorgada por don Cleofas a favor de Policarpio Valenzuela. AHC. Fondo Registro Público de la Propiedad, Libro de cuentas. 10 de diciembre de 1885. Exp. 9 y 8.

Lo que sabemos con certeza respecto del joven chiapaneco es que siguió estudiando con ahínco para lograr la meta que se había propuesto. Sus estudios finalmente lo acreditaron como médico cirujano, con dos especialidades: obstetricia y oftalmología. Al concluirlos, cumplió lo que tantas veces había asegurado, que regresaría a su tierra natal a ocuparse de los suyos.

Otra vez en familia

Después de diez años de ausencia, en 1889, el doctor Belisario Domínguez regresó a Comitán. Una gran cantidad de gente le dio la bienvenida: no era usual que en el México decimonónico una pequeña población contara con un médico especializado en Francia. A las siete de la noche del 24 de diciembre de ese año, Domingo Culebro, Mariano S. Trujillo, Antonio Alfaro y Abel Rivera le tributaron "un homenaje de cariño" para darle la bienvenida. La tertulia se realizó en casa de doña Nicolasa Culebro, representante de las familias pudientes de la localidad. El programa de la tertulia incluía quince melodías: una obertura, cuatro danzas, tres polkas, tres mazurcas, dos schottishes [sic] y dos valses.[11]

Su regreso se caracterizó por dos hechos: por un lado, su decisión de ejercer su profesión en el lugar y establecer una farmacia, La Constancia, que mantuvo en sociedad con Olegario Tovar, esposo de su hermana Carolina, hasta 1894, y por otro, el reencuentro con su prima Delina Zebadúa, originaria de Guatemala y protegida de sus padres. Ese reencuentro los llevó al matrimonio.

En esos tiempos y en poblaciones pequeñas no era inusual que los primos hermanos contrajeran nupcias: era una posibilidad de que ciertas fortunas no se dividieran, acaso, más bien, se acrecentaran, o que grupos sociales definidos se mantuvieran cerrados ante otras clases con diferentes recursos o educación, incluso, etnias diversas. Esto último bien podía

---

11 Invitación. CM.

ser el caso. Los ladinos de estos pueblos de fuerte presencia indígena cuidaban su blancura, lo que hacía que las relaciones de consanguinidad de las pocas familias blancas se fueran entrelazando y se aceptaran las bodas entre parientes muy cercanos. Los jóvenes se casaban con sus iguales.

Como si fuera un cuento de hadas, continúa trasmitiéndose la reseña de un baile que organizó don Cleofas para que su hijo eligiera esposa; ante la "sorpresa" de todos, solicitó el primer vals a su prima. Insistimos: no necesariamente esto era extraño; baste recordar que Porfirio Díaz contrajo nupcias con su sobrina, la hija de su hermana, y que ésta murió bastante joven, lo que hizo posible que en 1881 Díaz volviera a casarse, también con una mujer menor que él, 34 años, doña Carmen Romero Rubio, la hija de Manuel Romero Rubio y ahijada de Sebastián Lerdo de Tejada.

El 22 de noviembre de 1891, cuando el doctor tenía veintiocho años y su esposa nueve menos, inició su propia familia. La pareja procreó cuatro hijos: Matilde, Carmen, Ricardo y Hermila. Carmen murió al poco tiempo de haber nacido. Después de esta muerte, se sucedieron otras seguramente igual de dolorosas para el doctor: su madre falleció en 1897 y su padre, en 1902. Además, por esos años, su esposa enfermó o se recrudeció la enfermedad que ya padecía de tiempo atrás: una gastritis crónica.

Su profesión se desarrolló como se esperaba. Junto a su consultorio estaba la botica, en la que se preparaban las medicinas que los enfermos necesitaban. Tomó también la decisión de dar consulta gratuita dos o tres días a la semana —incluso se dice que se daban los lunes, miércoles y viernes—, en las que incluía regalar los medicamentos a los pacientes que lo requerían.

Los relatos testimoniales, que muchos de los autores que han escrito sobre él han recogido, resaltan la filantropía del doctor y sus habilidades como cirujano. Presentaremos sólo algunas anécdotas, para ofrecer una idea lo más completa posible de nuestro personaje; hemos elegido las que señalan las fuentes de donde se obtuvo la información.

El consultorio de Domínguez se comunicaba con la botica a través de una pequeñísima ventana y, usando una especie de pequeño tobogán, indicaba, utilizando claves, cuánto debía cobrarse o si se trataba de una consulta gratuita. El boticario le decía:

> —No va a hacerse rico...
>> —*La profesión no es para volverse rico sino para curar, sanar un poco...* ¿no lo cree así...?
>
> Los que hacían las recetas movían la cabeza, como diciendo: con este hombre no hay remedio.
>
> En el fondo, los dos amigos y compañeros le admiraban y aprobaban este beneficio para el pueblo.[12]

Tampoco era extraño que el doctor saliera de Comitán para atender a parturientas en estado grave o casos difíciles, y si no le importaba abandonar la población para acudir a rancherías y caseríos, tampoco rehuía atender a los indígenas. Se asegura que, en esos casos, incluso los ayudaba con dinero para que compraran alimentos. En una ocasión, asentó Juan Sánchez Azcona, quien conocía a Domínguez, pues ambos coincidieron en París:[13]

> El doctor era en extremo humanitario. Algunas veces se le veía por los arrabales de la población, en casuchas humildes, confeccionando personalmente, al fuego, el alimento de algún enfermo.
>
> [Una noche, lejos del centro, un grupo de jóvenes trasnochadores lo encontró cargando unas tablas, éstos se ofrecieron a ayudarlo, pero el doctor] se rehusó y dijo a aquellos jóvenes que siguieran en su paseo, y que *lo dejasen cumplir con su misión.*

---

12 Alexanderson, *op. cit.*, p. 27. Las cursivas son mías.

13 Aunque no podamos asegurar que haya existido una "amistad" entre ellos, es posible que sí se conocieran, Sánchez Azcona estuvo con su padre en Europa cuando se desempeñó como diplomático y después estudió en Alemania, y más tarde en París; allí concluyó sus estudios en ciencias sociales y políticas, tres años después que Belisario. Si ahora es posible que dos estudiantes mexicanos residentes en París se encuentren, esa posibilidad era mayor en el siglo XIX.

Llevaba las tablas, que había comprado en una casa del mismo barrio, para improvisar cama a un infeliz enfermo, que yacía en el suelo en una choza humildísima.[14]

Podemos citar otros documentos que hacen referencia al altruismo de este hombre, con el objeto de que no quede la menor duda de que se le reconocía esta cualidad, mucho antes de los hechos que le costaron la vida, y que tales afirmaciones no fueron el resultado de encontrar virtudes a un hombre después de la muerte.

Hipólito Pedrero, desde San Cristóbal, le agradeció sus consejos médicos y atención, pues también atendía consultas por correspondencia.

Con placer me refiero a su atenta fecha 12 del mes pasado manifestándole mi gratitud por la receta que Ud. tuvo la fineza de remitirme así como por sus sólidos consejos los cuales estoy siguiendo rigurosamente.

No había yo tenido el honor de decir a Ud. nada, porque esperaba hacerlo en vista del resultado una vez obtenido por medio de la mejoría que vengo sintiendo en doce días que llevo de cuidado; sí me es satisfactorio participarlo a Ud. creyendo como seguro mi completo restablecimiento y así no originarle a Ud. más molestias como me he permitido hacerlo.[15]

También hay testimonios sobre su capacidad profesional y administrativa o de gobierno.

En una tarjeta que reproduce su propia fotografía, Bonifacia D. Flores, "la última de las admiradoras de su talento, ilustración y virtudes", le deseó al doctor Domínguez "dicha y prosperidad al surgir el nuevo año de su existencia",[16] es decir, al cumplir 37 años.

En 1898, por su parte, Ramón Rabasa, el gobernador del estado, lo invitó a colaborar en la Exposición que tendría verificativo en París, re-

---

14 Olea, *op. cit.*, pp. 83 y 84. Las cursivas son mías.

15 Hipólito Pedrero a BD. San Cristóbal Las Casas, 3 de julio de 1902. CM.

16 Tarjeta. Comitán, 25 de abril de 1900. CM.

mitiendo, con sus respectivas explicaciones, una o varias de las plantas silvestres de los campos chiapanecos que no "figuraran en la farmacia", y que se emplearan con buen éxito entre la gente del pueblo para las curaciones de ciertas enfermedades sobre las que Domínguez hubiera estudiado y ensayado sus efectos terapéuticos durante su práctica profesional. "Si hay entre ellas alguna o algunas que en su concepto, merezcan darse a conocer hará Ud. un positivo servicio a la ciencia".[17]

Esta invitación equivalía a reconocer que su actividad médica era destacada, y que podía redituar aportes originales a la farmacología. Ahora que, experiencia, por supuesto que tenía. Visitar la Casa Museo del doctor Domínguez resulta muy interesante, porque deja la certeza del interés de este profesionista por desempeñar su trabajo de manera responsable, y su constante actualización. Un instrumental médico, difícilmente imaginable fuera de un hospital, era parte de los objetos que lo rodeaban, y aún se conservan las facturas de las empresas con las que el doctor tenía vínculos para mantener surtida la farmacia. Así, podemos darnos cuenta de que de lugares cercanos lo proveían de algunos medicamentos y sustancias, y que otros los importaba. Las casas eran las siguientes, sólo por dar algunos nombres: Gran Farmacia Central de Pineda y Rodríguez; Especialidades farmacéuticas, drogas y productos químicos, de San Cristóbal Las Casas; Cueto y Cía. y Ordóñez y Cía., de Tuxtla Gutiérrez; Pellicer Sastré V. y Cía., de Tabasco; Fábrica de Ácidos y Abonos Químicos "La Viga" y Johannsen Félix y Cía. Antigua Droguería de la Palma, de la ciudad de México, e importadoras como Antikamnia Chemical Company y Pector & Ducout Inc., Importación y Exportación.

En 1902, al morir su padre, dejó como albacea en su testamento a Belisario. Por este documento podemos percibir que la labor altruista del doctor no impedía que tuviera buenos ingresos y que atendió las necesidades de su familia. Don Cleofas reconocía al borde de la tumba que, debido a sus esfuerzos "y a los auxilios que me ha dado mi hijo Belisario

---

17 Ramón Rabasa a BD. Tuxtla Gutiérrez, 14 de octubre de 1898. CM.

he podido salvar mis compromisos comerciales, al grado que ahora sólo [tengo] como único acreedor a mi expresado hijo Belisario y fuera de él no tengo ningún acreedor en el orden mercantil ni en el civil". Aseguró deber a su hijo la cantidad de nueve mil ochocientos pesos.

En su último testamento, que revocó los dos que elaboró durante su enfermedad, asentó sus bienes y el monto de ellos:[18] su casa habitación, que con todo y muebles, costaba alrededor de nueve mil pesos; otra casa con valor de dos mil pesos —la cual estaba probablemente a una cuadra del consultorio de su hijo— y su negocio que, incluyendo créditos activos, alcanzaba los ocho mil. Así, dispuso pagar su adeudo a Belisario y que, al año de su muerte, se le entregara a cada uno de sus hijos "legítimos" la cantidad de mil pesos. También ordenaba que se extendieran las escrituras de la casa que habitaban su hija Dolores y su esposo Camilo Mandujano a favor de ellos, pues en abril de 1897, cuando aún vivía su esposa, se la habían vendido por tres mil pesos.[19]

El doctor no pudo cumplir cabalmente con lo encomendado, pues, debido a la enfermedad de su esposa, que como médico sabía que no po-

---

18 Testimonio y primera copia [...] Hay una parte totalmente ilegible, debido a la humedad y los hongos de los documentos. Testimonio y primera copia de la escritura de protocolización del testamento cerrado de don Cleofas Domínguez expedido por el albacea. AHC. Fondo Notarías, núm. inventario 618. Año 1902. S/exp.

19 También se incluía otro adeudo de don Cleofas por trescientos sesenta y dos pesos a la testamentaría de Felicidad Cristiani. Este hombre hipotecó a don Cleofas una inversión en la finca Bahnitz por ciento ochenta pesos en 1884. Al morir Cristiani, se realizaron sus bienes, y don Cleofas resultó ganador en el remate, adquiriéndolos en novecientos sesenta y nueve pesos. Por diversas razones, entre otras, que se trataba de un intestado y que se resolvió a favor del fisco, quedó pendiente el pago final, poco más de trescientos pesos; para 1903 se resolvió el asunto. Juicio verbal ordinario promovido por el albacea de la mortual de Felicidad Cristiani contra la mortual de don Cleofas Domínguez. AHC. Fondo: Juzgado Civil. Núm. Inventario 1395. s/exp. 1903. Inscripción de la escritura de mutuo simple e hipoteca de los derechos reales constituidos de la finca Bahnitz otorgada por Felicidad Cristiani a favor de Cleofas Domínguez. AHC. Fondo: Registro Público de la Propiedad. Libro de hipotecas. 1º de abril de 1885. Exp. 24.

día curar, decidió trasladarse a la ciudad de México. Por ello, delegó el cargo de albacea a favor de su hermano Carlos, quien tampoco era hijo de María del Pilar, su madre. Ya en la capital, pagó la herencia que le correspondía a su hermano Aureliano, que vivía en Córdoba, Veracruz.[20]

El testamento de don Cleofas muestra que no fue un hombre de grandes recursos y que, incluso, en la etapa del auge porfiriano, su negocio no marchó del todo bien, lo que lo obligó a contraer con su hijo una deuda bastante alta.

La propuesta porfiriana para reactivar la vida económica inicialmente tuvo éxito. Los capitales extranjeros acudieron al llamado de puertas abiertas del gobierno mexicano y se interesaron particularmente en la exportación de artículos que demandaba el mercado internacional; esto fue perfilando un desequilibrio en el país, pues las inversiones llegaron sólo a ciertas regiones y modernizaron la producción de esas mercancías que el mercado absorbía; en cambio, otras zonas mantuvieron su actividad tradicional, destinada por lo general al consumo nacional o local.

Por su parte, en Chiapas, los gobernantes progresistas de nuevo cuño, cercanos al poder central, se proponían modernizar el estado. Los empresarios, finqueros y rancheros que pudieron aprovechar las nuevas condiciones, así lo hicieron; las zonas más beneficiadas fueron la Meseta Central y parte del Valle Central (Tuxtla y Chiapa), y la costa del Pacífico (Tonalá y el Soconusco). "En una etapa de expansión capitalista nacional e internacional, el caciquismo ilustrado —representado por los gobernadores porfiristas Emilio Rabasa (1891-1894), Francisco León (1895-1899), Francisco Pimentel (1899-1906) y Ramón Rabasa (1906-1911)— buscó conjuntar sus esfuerzos con la expansión de la economía nacional, usar al gobierno

---

20 Testimonio de la escritura de recibo otorgada por los señores Belisario Domínguez como albacea de la testamentaría del Sr. su padre Cleofas Domínguez. Notario Jesús Rosete López de la Ciudad de México. AHC, Fondo Notarías, núm. Inventario 614, 1903.

estatal para derribar obstáculos políticos y sociales, y construir la infraestructura que diera soporte a una agricultura comercial".[21] Se consolidó así
una administración moderna que pudiera controlar los municipios y las
jefaturas políticas, la educación pública, la salud, los impuestos y el gasto
público. Se construyeron algunos caminos y se tendieron redes telegráficas
y telefónicas; para 1908, el Ferrocarril Panamericano, iniciado siete años
atrás, atravesaba la planicie de Oaxaca a Guatemala. Por supuesto, se insistió en la privatización de las tierras comunales de los pueblos indígenas
como una manera de acceder al progreso y la modernidad, lo que benefició
particularmente a los aparceros, arrendatarios, capataces y pequeños comerciantes, y no a los campesinos de las comunidades. También se construyeron escuelas y hospitales. Se intentó, pero no se logró, reducir los abusos
en las prácticas laborales, en especial la servidumbre por deudas. Para que
la orientación de sus medidas no dejara lugar a dudas, estos gobernantes
trasladaron a Tuxtla la capital del estado, abandonando un poco a su suerte la
zona de Los Altos, con lo que se hizo a un lado el conservadurismo de San
Cristóbal, pero procurando mantener esta ciudad bajo su control, lo que,
por otro lado, provocó un profundo resentimiento en las élites de la región.

> Entre 1875 y 1908, el 27% de la superficie total de Chiapas fue denuncia-
> do por compañías particulares. Más de un millón de hectáreas de tierras
> supuestamente baldías (1 813 000) fueron cedidas a compañías madere-
> ras, petroleras, caucheras y cafetaleras; en su mayor parte a través de la
> deslindadora inglesa Mexican Land and Colonization Company, repre-
> sentada en México por Luis Huller, un aventurero alemán naturalizado
> norteamericano [...] Así, entre 1886 y 1905 la compañía de Huller deslindó
> y vendió a particulares de Chiapas 570 336 hectáreas en los distritos de
> Tonalá, Pichucalco, Tuxtla, Chiapa de Corzo, La Libertad y Comitán [...]
> Una parte de estas tierras permaneció inculta, y otra pasó a poder de plan-

---

21   Thomas Benjamin, "¡Primero viva Chiapas! La revolución mexicana y las
rebeliones locales", en Viqueira y Ruz, ed., *op. cit.*

tadores de café y caucho que denunciaban a su vez nuevos terrenos no incluidos en la medición original de Huller y socios.[22]

Posiblemente, acercarnos al resultado del censo realizado en la República en 1900 nos permita darnos idea del perfil social del estado. El recuento pormenorizado de mexicanos y sus características hizo saber que el número de habitantes del país era de 13 607 259 habitantes, y que la esperanza de vida al nacer era sólo de treinta años. La población de Chiapas alcanzaba la cantidad de 364 670, 2.18% de la nacional, en tanto que su territorio correspondía a 3.59% del de toda la República. Se trataba, pues de un estado con escasa población: su densidad demográfica era de 5.06 habitantes por kilómetro cuadrado (la más alta era la del Distrito Federal, de 361.31, y sólo eran más bajas que la de Chiapas la de Durango, 3.38; Campeche, 1.85; Coahuila, 1.80; Chihuahua, 1.41, y Baja California, 0.32). Sus habitantes, en 95%, eran oriundos del propio estado, lo que indica que no había demasiados migrantes, ni extranjeros ni de otras regiones del país, aunque no es fácil precisar cuántos salían de allí a otros lugares.

La población más grande del estado era precisamente Comitán de las Flores, con 18 190 habitantes (Tuxtla tenía poco más de diez mil y San Cristóbal arriba de quince mil), y para esta localidad sólo había tres médicos. Quizá valga la pena señalar que en el estado había sólo veintiséis sacerdotes católicos —ninguno de otro culto, prácticamente 100% de los chiapanecos se decía católico: 99.94%; ningún otro estado manifestó un porcentaje tan alto: aunque sólo fueran décimas, el porcentaje era menor. De los templos erigidos en el estado, 100% eran católicos, en su mayoría capillas e iglesias. También se registró la existencia de ochenta profesores, diecinueve médicos, ciento diecinueve abogados y 358 hombres armados.

---

22 Díaz de León, *op. cit.* Este mismo autor ofrece una lista de los principales terratenientes del Porfiriato en Chiapas por distritos: en Comitán eran los Domínguez, Rivera, Gordillo, Cristiani, Castellanos, Guillén, Argüello, Abarca, Rovelo, De la Vega, Albores, Culebro, Paniagua y Aguilar; entre los propietarios de Tuxtla se encontraban las familias: Zebadúa, Palacios, Cal y Mayor, Rabasa, y la de Víctor M. Castillo.

El censo permitía suponer que 63.6% de la población hablaba castellano y 36.3% alguna lengua indígena —no se indagó sobre la gente bilingüe—. En la República, sólo Yucatán, Oaxaca y Campeche ofrecían un porcentaje más alto que Chiapas en lo que se refería a parlantes de lenguas indígenas. El analfabetismo era muy alto, 91% de la población; únicamente 8.88% de las personas sabía leer y escribir, y 0.25%, sólo leer; Guerrero y Oaxaca manifestaban una situación más grave, 6.10% y 7.81%, respectivamente.

La población era predominantemente rural, 81.42%, mientras que la urbana alcanzaba apenas 18.58%, a diferencia de la media nacional, que era de 71.32% y 28.68%, respectivamente. Cinco personas en promedio habitaban cada casa. En cambio, la edad promedio era bastante alta en comparación con la del resto del país, pues alcanzaba la cifra de 37 años, en tanto que en Aguascalientes era de sólo 21, o en Campeche de 30.1, que era lo mismo que la media nacional; en Colima se podía aspirar a llegar a los 30.5 años, en Baja California a los 35.8; en cambio, la esperanza de vida se reducía en Guanajuato a 25.4, en Hidalgo a 27.4 y, para sorprenderse, en la ciudad de México esa posibilidad de vida apenas alcanzaba los veintitrés años con cinco meses. También puede señalarse que, para 1903, las enfermedades que causaron más muertes en el estado de Chiapas, en orden decreciente, fueron: el paludismo, que representaba 46% del total, y la tuberculosis, que alcanzaba 11.4%; con el 9.8%, aparecía el sarampión; la disentería ocasionaba el 8.2% de los decesos y en el quinto lugar, con 8% cada una, se encontraban la diarrea y la tosferina.[23]

Como es fácil apreciar por estos datos, había un deseo y un empeño en progresar, aunque no era fácil lograrlo. El camino era lento y desigual: para unos llegaba primero y se retrasaba más con otros; no es difícil imaginar que éstos eran los grupos marginales y aquéllos, los de élite. Finalmente, ése era el rasgo predominante que arrojaba como saldo el Porfiriato: la profunda desigualdad social.

---

23 Moisés González Navarro, *Estadísticas sociales del Porfiriato. 1877-1910*, México: Dirección General de Estadística, Secretaría de Economía, 1956; *El poblamiento de México. Una visión histórico-demográfica. México en el sigo XIX*, tomo III, México: Consejo Nacional de Población, Secretaría de Gobernación, 1993.

Capítulo 3
En la ciudad de México,
al empezar la crisis porfiriana

Soledad y compromiso social

Don Belisario se instaló en dos ocasiones en la ciudad de México. Ninguna de las dos correspondió a un deseo personal de habitar en ella. La primera, en 1902, fue obligado por la salud de su esposa, la cual deseaba él que recuperara a toda costa, y la segunda, once años después, en 1913, cuando tuvo que desempeñarse como senador.

De acuerdo con Héctor Olea, el primer traslado se registró en la primavera de 1902; sin embargo, en septiembre, Domínguez realizó un viaje a Comitán, debido a la enfermedad —influenza— y muerte de don Cleofas, de setenta y seis años de edad, ocurrida el 12 de octubre. Después de las exequias, regresó a la ciudad de México.

Los Domínguez, incluida su hermana Herlinda —muy probablemente para no vivir en medio del bullicio de la gran capital—, se instalaron en Tacubaya, en ese tiempo municipio del Distrito Federal, que, por su clima, más fresco y húmedo, era un refugio de la gente acomodada de la ciudad de México, pues, al igual que en Mixcoac y en San Ángel, se asentaban allí grandes casonas de campo o verano, al lado de lo que propiamente constituía el núcleo de dichos poblados. Se estaba muy cerca de la ciudad y se podía disfrutar de sus comodidades y todavía gozar de la tranquilidad de la provincia. Para esos años, esta zona estaba directamente comunicada con la ciudad a través del tranvía y del tren de mulitas, ya se gozaba de la energía eléctrica para iluminar las calles y muchas casas contaban con este moderno fluido; también el teléfono empezaba a instalarse en las residencias particulares, además de los comercios, que fueron los primeros que consideraron que dicho invento podría serles de utilidad.

Al llegar a la ciudad, también se dispuso Belisario Domínguez a ejercer su profesión. Abrió su consultorio en la 2ª calle de Revillagigedo 818, y estableció las relaciones que lo llevaron a prestar servicios médicos a las aseguradoras La Nacional, La Mexicana y El Sol de Canadá.

De nada sirvió el traslado. Doña Delina, muy joven, de apenas 32 años, falleció de una gastroenteritis crónica en la noche del 22 de diciembre de 1902.[1] Inmediatamente después de su muerte, Domínguez procedió a declarar el intestado correspondiente, quizá para asegurar la situación de sus hijos, que aún eran pequeños. En este documento se hizo constar que el doctor había aportado al matrimonio doce mil pesos y se enumeraron todas las propiedades de la pareja, incluidos los libros del médico. El avalúo de cada pieza es muy interesante, pues el inventario incluye hasta dos pequeñas ventosas de cristal, que, se precisa, costaban setenta y cinco centavos. Sin embargo, sólo haremos referencia a los rubros generales, no sin hacer constar que, no obstante que tenía ciertas propiedades, la familia vivía austeramente. No se registró dinero en efectivo, ni alhajas; por lo que se refiere al costo de los muebles, se fijó en $ 494.62, y el de los libros —doscientos

---

1 Esquela. CM; Primera sección a IV sección del juicio de intestado de la Sra. Delina Zebadúa de Domínguez. AHC. Fondo: Juzgado Civil, núm. inventario 1490; s/exp. 1903. Allí se incluyen copias de diferentes documentos oficiales de la familia, incluido el certificado de defunción firmado por el doctor Joaquín Rivero Heras, en el que se asienta que el deceso fue en la primera calle de Guerrero, en el número 3 bajos. No es posible saber si allí vivían o era un sanatorio. Las otras indicaciones de domicilio en Tacubaya y el consultorio, se tomaron de documentos existentes en la CM; incluso, al declarar el intestado de su esposa, en febrero de 1903, el doctor dio como dirección personal la de Tacubaya: Juárez 33.

cuarenta y un ejemplares—, en $ 361.50. En productos farmacéuticos poseía aun un total de $ 2,901.13, que estaban en manos del "dependiente" Tiburcio Pinto, uno de los cuñados del doctor. Se manifestaban también varios bienes raíces, todos en Comitán: una propiedad en el portal de la Reforma, que incluía dos tiendas y una pequeña casa, de $ 3,000.00; dos casas en ruinas en predios de aproximadamente 300 metros cuadrados cada uno, que el doctor había comprado a María de los Ángeles Villa y a José Castellanos, valuadas en $ 425.00 y $ 400.00; la casa familiar, indivisible, de alrededor de 600 metros cuadrados, con un valor de $ 5,000.00. Se incluyó también el crédito de $ 9,800.00 que don Cleofas había quedado a deber a su hijo. El intestado se resolvió de la siguiente manera: se descontó el dinero que el doctor aportó al matrimonio, el resto de dividió en dos partes: una le correspondió a éste y la otra a sus tres hijos, en sentido estricto, la casa familiar.

En la soledad de su viudez, sorpresivamente, a su trabajo cotidiano y usual, el doctor Domínguez agregó una tarea nueva: escribir, en un ejercicio de denuncia, emitiendo hojas sueltas, primero, y luego un pequeño periódico que él costeaba. Estos documentos nos muestran con cierta claridad sus preocupaciones, su enfoque, su manera de pensar.

Para 1903, empezaron a ser más evidentes las debilidades del régimen porfiriano, no obstante que ya había habido manifestaciones opositoras durante el proceso electoral de 1892, que fueron sofocadas con la cárcel para quienes se expresaron en contra de Díaz. La mayoría de los mexicanos había aceptado tácitamente el proyecto porfiriano con la esperanza de que la paz y el ingreso de los capitales trajeran beneficios al país. Efectivamente, se pudo apreciar que la tranquilidad, tan apetecida a lo largo del siglo XIX, hizo posible que los capitalistas de otras partes del mundo llegaran a México a establecerse, en virtud de que los mexicanos no querían arriesgarse; se abrieron industrias nuevas y se revitalizaron otras; crecieron algunos capitales, así como las haciendas; se abrió la exportación para algunos productos agrícolas, pero también se pudo apreciar que esto no significó un beneficio para los campesinos: más bien las condiciones de vida de los trabajadores se estancaron, y aun empeoraron. Había más dinero, pero los operarios no lo recibían; por el contrario, se trabajaba más por el mismo salario, el cual, además, iba perdiendo poder adquisitivo. Y los obreros tenían algunas ventajas sobre los campesinos, que apenas sobrevivían: el crecimiento de las haciendas se fincó en buena medida en el despojo de tierras de las comunidades indígenas, particularmente las del centro del país, y sus integrantes pasaron de propietarios a la categoría de peones acasillados —algo parecido al proceso vivido en Chiapas, ya descrito, pero agravado por la abundancia de mano de obra en la zona central—; sin embargo, peor que los acasillados se encontraban los trabajadores temporales, pues sólo se los contrataba por un número limitado de meses, únicamente para sembrar o cosechar. La riqueza se quedaba en unas cuantas manos, las de los capitalistas, empresarios y hacendados, y las de los mediadores que obtenían concesiones y la alta burocracia que las otorgaba.

Durante los primeros años del siglo XX, la situación económica y política empeoró. La posible muerte de Díaz llevó a crear la vicepresidencia y alargar el periodo presidencial de cuatro a seis años, para evitar una crisis que condujera a la inestabilidad; no sólo se mantenía la reelección indefinida, sino que se hacía patente que se deseaba que Díaz muriera en el poder. Por otro lado, la caída del precio de la plata en el mercado internacional obligó a cambiar al patrón oro, para darle estabilidad a la moneda nacional. Esta medida, en la práctica, significó una devaluación con sus respectivas secuelas: escasez de recursos y mercancías y elevación de precios, todo lo cual, unido a la inmovilidad de los salarios, resultó verdaderamente intolerable. La situación de la mayoría de los mexicanos no era una preocupación del gobierno: éste podía caracterizarse por su fuerte autoritarismo, paralelo a ciertos esquemas paternalistas, pero era evidente que el régimen porfiriano quería más a unos hijos que a otros. Cierto que el marco legal no permitía muchas libertades, el "dejar hacer, dejar pasar" decimonónico no autorizaba la intervención estatal, pero tampoco se optaba por modificarlo —posibilidad que ni siquiera se proponía— y, en cambio, cuando fue necesario utilizar mano dura para proteger los intereses de la oligarquía económica, se recurrió a tal arbitrio sin ninguna consideración.

El doctor Domínguez no era ciego ante lo que pasaba frente a sus ojos y su consultorio; ya fuera en la ciudad de México o en Comitán, la miseria de muchos mexicanos era irrefutable, además de que no tenían acceso a la educación: el analfabetismo era del orden de 80% en general, menor en la capital, mayor mientras más pequeñas y alejadas eran las poblaciones. Las ciudades eran insalubres, no se diga los pequeños pueblos; se hacía un cierto esfuerzo por urbanizar y dar mejores condiciones a los grandes conglomerados y se construían hospitales, pero estos beneficios no llegaban tampoco a los pueblos. Así que, en sus escritos, el doctor dio rienda suelta a algunas de sus preocupaciones, sin que pudiéramos considerar que sus opiniones fueran de oposición al régimen, pues de ninguna manera tenían carácter político; en todo caso, eran de denuncia social.

El primero de sus volantes se llamó *Chiapas*.[2] El texto está dirigido a los patriotas y manifiesta su deseo de contribuir al engrandecimiento y prosperidad de la nación, pero aclara que es chiapaneco y, por ello, empezará esta tarea ocupándose de su tierra natal.

El doctor asentó que Chiapas, como todo México, estuvo sumido en continuas guerras, y que los nativos anhelaban la paz para ser felices; pero que más de veinte años de calma, lejos de mejorar las cosas, las habían empeorado. ¿La razón? Que el estado había sido mal administrado.

---

2 Silvia González Marín, comp., *Belisario Domínguez*, presentación de Antonio Riva Palacio, Serie Los Senadores, México: Senado de la República, 1986, pp. 41-48. El documento está fechado en Tacubaya el 28 de abril de 1903, tres días después de que el doctor cumplió 40 años. Queremos seguir muy de cerca sus ideas, a fin de resaltar algunos elementos que nos parecen sumamente importantes para comprender sus acciones.

Para explicar la situación, describió las riquezas de Chiapas y sus múltiples posibilidades agrícolas y ganaderas. La fertilidad de la zona permitía el cultivo de maíz, trigo, arroz, cacao, café, caña, frutales, vainilla, hule, algodón, henequén, añil, tabaco, etc., y daba lugar a la abundancia de maderas preciosas, y resaltó que la fuerza de sus ríos producía una poderosa fuerza motriz. "En resumen, cada uno de los ramos enumerados podría por sí solo hacer la felicidad de un gran país." Pero, a pesar de sus riquezas, se trataba de uno de los estados más pobres, porque "no hay caminos, porque no hay escuelas, no hay periódicos, porque los gobernadores, en vez de ocuparse del engrandecimiento y prosperidad del país, se dejan cegar por la ambición y sólo se afanan en hacerse ricos a expensas del Estado".

A continuación, criticaba la gestión de los gobernadores chiapanecos durante el régimen porfiriano y aseguraba que casi ninguno había hecho nada en provecho del estado, pero sí habían obtenido mucho dinero. Observaba específicamente que el último de ellos, Rafael Pimentel, abrió muchas expectativas, pues visitó los poblados, se informó de los problemas y prometió las mejoras que llevarían al desarrollo y bienestar de la entidad, pero nada había cumplido hasta ese momento. Cabe destacar que el doctor no lanzaba acusaciones generales, sino que dio ejemplos de este incumplimiento, en particular sobre Comitán. Así, podemos constatar el engaño de las autoridades para no atender los problemas de educación, salud y comunicaciones. Terminar esta descripción le permitió al autor, en su escrito, cambiar de público para dirigirse directamente al gobernador y solicitarle que modificara su conducta, "y hacer cuanto se pueda en beneficio del estado [...] bien sabe usted que los habitantes de Chiapas son pacíficos por excelencia y consideran como un gran bien vivir de acuerdo con sus gobernantes".

Después de este llamado a que el gobernador siguiera por el camino correcto, se dirigió a los chiapanecos, para hacer notar que todos los gobernadores se presentaban como favoritos de Díaz para hacer creer que tenían facultades para manejar y explotar el estado a su antojo, y que se aceptaba esta situación, sumiéndose en la impotencia, al considerar que esos abusos eran irremediables, que nada se podía hacer. El mensaje, muy enfático por cierto, era que "no hay diligencia inútil, no hay esfuerzo perdido: el trabajo inteligente y sostenido siempre triunfa". A continuación, el doctor ofrecía una visión de Díaz bastante conciliadora, pues asumía que un hombre como el presidente "no debe" tener favoritos, que su único anhelo "debe ser" el bienestar de la patria. Consideraba que, por sus antecedentes, don Porfirio sólo debía tener una idea fija: "Que su obra lo sobreviva, que sus conciudadanos sean felices". Por ello, invitaba a sus coterráneos a trabajar, a fundar periódicos en cada población, para mostrar lo que era Chiapas; a cuidar los fondos que manejaba el gobierno; a vigilar las acciones de los gobernantes, a elogiarlos cuando hicieran bien las cosas y a criticarlos cuando las hicieran mal. "Decid siempre la verdad y sostenedla con vuestra firma entera y muy clara. Nada de anónimos ni de pseudónimos."

Enseguida, el novel escritor solicitaba la ayuda de los periodistas, pues sabía que él solo no podría resolver el problema; pedía su apoyo para producir "una fuerza colosal" que transformara a Chiapas. Reconocía que a Porfirio Díaz se debía la paz que se gozaba en México, pero aseguraba que esa paz, como ya lo había dicho al principio, en el estado de Chiapas no había producido la felicidad. Aseguraba que los ciudadanos no debían engañarse a sí mismos, y se apoyaba en un ejemplo práctico, profesional, —muy a tono con el evolucionismo—, para explicar con nitidez las cosas: "una llaga no se cura ocultándola, sino exhibiéndola y aplicándole la medicina que convenga".

Como para él no fuera suficiente esta observación, profundizaba más abordando otro tema para muchos obvio: el hambre de la población.

¿Cómo hacérsele creer que es muy feliz a aquel que no tiene qué comer? ¿Cómo convencer de que está muy bien administrado al que diariamente sufre o ve sufrir abusos? Se trata de engañar a usted, señor, halagándolo con que todo marcha muy bien, con que el pueblo está muy contento. ¡Gravísimo error! Eso equivale a que el enfermo engañe a su médico.

Pero el doctor Domínguez no se limitó a presentar el problema, también sugirió la solución: para que las cosas cambiaran en Chiapas, era necesario que Díaz se enterara de todo lo que allí sucedía, por ello debía enviar a ese territorio a personas desinteresadas que le informaran imparcialmente. Por ello le pedía de manera personal que, al conocer el mal, aplicara el remedio. ¿Pero cuál era ese remedio, según Domínguez?: "Hacer a los gobernadores de hoy en adelante responsables de los actos de su administración, es decir, introducir la 'moralidad' en el gobierno del estado". Así, también le sugería que tomara medidas enérgicas; que no sólo recurriera a la remoción, "solamente hará usted feliz al estado cuando usted emplee en corregir los abusos de los gobernadores el mismo afán y energía que usted ha empleado en sostener la paz". Así, con estas medidas, concluía don Belisario, ese árbol de la paz que Díaz había sembrado, finalmente "comenzará a producir sus exquisitos frutos: 'la moralidad', la instrucción, la riqueza, la prosperidad, en una palabra, la felicidad".

Parece pertinente poner de relieve que, para el doctor, la moralidad es solución y consecuencia al mismo tiempo, es decir, está presente a lo largo de su discurrir: con moralidad en el gobierno se arreglan los problemas y, a su vez, surge la moralidad a la par que el progreso y la riqueza. Nótese también que la felicidad no es una cuestión de orden personal, sino social, para la que se requiere de la moral y la instrucción, dos elementos que pocas veces reunían los positivistas mexicanos con la prosperidad. También recuérdese que la Ilustración introdujo la idea de que la felicidad de los pueblos era posible, que constituía una meta por alcanzar, pero que no siempre se indicaba cómo se podía conseguir, y que diferentes pensadores lo van concretando de diversas maneras. Es decir, se trata de un concepto variable, difícil de asir.

El siguiente volante[3] apareció dos meses después, el 15 de junio: estaba dirigido específicamente a los periodistas mexicanos de la ciudad

---

3 BD, Tacubaya, 15 de junio de 1903, en González Marín, *op. cit.*, pp. 51-55.

de México. En él, Domínguez aseguraba que mandó a cada uno de ellos su hoja suelta para "implorarles" su ayuda para resolver "el lamentable atraso material e intelectual en que se encontraba uno de los estados de la República más hermosos, más pacíficos, y más adictos al gobierno del general Díaz: el estado de Chiapas". Pero nada hicieron los periodistas al respecto, sólo el periódico *La iniciativa*, reprodujo un párrafo y ofreció que seguiría atendiendo la nota.

A continuación, don Belisario aseguraba que él y sus paisanos se habían desilusionado de la prensa de la capital, creyeron que los ayudaría y, en cambio, guardó un silencio total, mostró un desinterés insólito. Continuaba su texto recriminándola y hacía notar cuáles habían sido las posibles objeciones a su petición: una, que él, Domínguez, era un don nadie; dos, que no tenía representación, y tres, que podía tratarse de un enemigo más del gobernador, y que lo que había asegurado era falso.

Para responder a tales prevenciones, asentaba que si solicitó su ayuda, fue precisamente porque sabía que una hoja firmada por una sola persona no tenía representación. Aceptaba, además, que, efectivamente, se trataba de alguien que no tenía personalidad pública, pero se preguntaba ¿se le niega la atención a un desconocido que pide auxilio?

Por otro lado, si era o no enemigo del gobernador, la "obligación" de los periodistas era averiguarlo; el resultado de sus pesquisas les marcaría su "deber": si lo que decía era falso, "*debéis* exhibirme como un difamador [...] como un mal ciudadano que falta a sus *deberes*", si lo que decía era cierto, "*debéis* atenderme y hacer cuanto esté a vuestro alcance a favor de Chiapas; ése es vuestro *deber* como patriotas y muy especialmente como periodistas". En todos los casos se está refiriendo a obligaciones de tipo moral, más todavía, de acciones de carácter ético.

Si otro argumento por esgrimir fuera que tenían muchos materiales más gratos y de carácter internacional, les respondería: "No *debéis* olvidar, señores, que sois mexicanos, que escribís para mexicanos y que vuestro *deber* es ocuparos ante todo de los asuntos que interesan más directamente al país", y agregaba, siguiendo con un tono despectivo: "Después escribid sobre lo que más os agrade".

El doctor destacó en su escrito un punto muy importante, que era como poner el dedo en la herida en relación con la prensa, en especial, la que estaba subvencionada, como *El Imparcial*: el silencio sobre Chiapas no sólo era alarmante para esa región, sino para todo el país, pues así como callaban para su tierra natal, era de esperarse que lo hicieran para "las desgracias" de los otros estados. Así, aseguraba, tendría que reconocerse que la prensa no estaba a la altura de su "misión", que eran sólo simples noticieros y no "educadores del pueblo y defensores de los intereses sociales", como les correspondía. También les recordaba a los periodistas que "su influencia moralizadora podía ser muy grande", que bastaría con que los funcionarios supieran que estaban comentando con imparcialidad sus actividades, para que todos cumplieran con sus "deberes" y se evitaran muchos abusos.

Don Belisario, que se reconocía a sí mismo como un profano en cuestiones políticas, se permitía tratar estos asuntos por varias razones:

- porque tenía la *razón*.
- porque prefería "hacer el ridículo [...] divulgando *verdades que creo útiles* a mi país, que *avergonzarme de mí mismo* por no tener ánimo de decirlas".
- porque en la política, como en las otras ciencias, había verdades tan evidentes que las podía comprender un profano, y él consideraba natural que Díaz quisiera al país y se interesara por su prosperidad y bienestar, como un padre lo hace con sus hijos.
- porque, si eran evidentes estos deseos en Díaz, con seguridad, cuando se enterara de lo que sucedía en Chiapas, pondría remedio y obligaría al gobernador a trabajar por el estado.
- porque, con apoyo externo, Chiapas, tendría un progreso muy marcado, lo que le permitiría, a su vez, ayudar al país a salir de la

crisis monetaria (Domínguez apuntaba que ésta cesaría cuando la nación, en vez de hacer sus pagos en metálico, los realizara con productos agrícolas y manufacturados).

- porque, al no ocuparse los periodistas de estos temas, lo tenía que hacer él personalmente, y volvía sobre los ejemplos obvios de su profesión: "Me encuentro en la situación de un profano en medicina que tiene a su madre gravemente enferma sin que ningún médico la quiera atender. ¿Qué hará el profano?: ¡lo que pueda!".
- porque el porvenir de México dependía, cuando faltara Díaz, del modo como la prensa se desempeñara.

Varias ideas sobresalen en esta justificación: la primera, que Belisario Domínguez consideraba a Díaz como un figura paternal, por lo que aún creía que estaba dispuesto a trabajar por el bien de todos los mexicanos; al mismo tiempo concluía que era la persona que mantenía el equilibrio del país, de allí que su presencia resultara necesaria, pues, de lo contrario, "el pueblo se encontrará en la situación de niño menor de edad, incapaz de manejar sus intereses". No puede menos que señalarse que estas cuestiones no se discutieron con más insistencia hasta 1909 y 1910, cuando fue mayor el riesgo de que Díaz desapareciera de la escena política.[4]

El peligro que vivía el país exigía soluciones, y para Domínguez, la solución estaba en la prensa. Éste sería un segundo planteamiento bastante particular. Sin duda, el doctor se percataba del enorme poder que la

---

4 "Los propósitos finales de la Revolución fueron los del liberalismo, su instrumento de análisis, el del positivismo. El encuentro de estas dos doctrinas resultó fecundo y novedoso, porque permitió descubrir con gran claridad los alcances y modalidades del liberalismo mexicano, haciendo prevalecer la realidad sobre las ideas, apartándose así no solamente del liberalismo clásico, sino del propio liberalismo mexicano de los reformistas del siglo XIX." Eduardo Blanquel y Gustavo Blanquel R., "El debate sobre la democracia", en *Conjunto de Testimonios,* en Javier Garciadiego, coord., *Así fue la Revolución,* volumen 6, México: Conapo, Senado de la República, 1985.

prensa podía tener no para defender posiciones partidistas —como ya se sabía de tiempo atrás—, ni al informar —como lo hacía la prensa moderna—, sino para educar. Otra idea más —que hemos querido resaltar a lo largo de estos textos y que seguiremos señalando, ya que permite probar nuestra hipótesis con respecto a don Belisario— es el compromiso personal que siempre sostenía, que está muy lejos de ser la actitud protagónica o soberbia de aquel que cree que puede hacer todo, sino la de quien desea cumplir con su conciencia, haciendo lo que debe hacer, así sepa que su tarea será infructuosa.

Como decíamos, el doctor veía la solución en la prensa, y de hecho, esta apreciación correspondía con la práctica de la prensa independiente o de oposición de periódicos tales como *El Diario del Hogar, Regeneración, El Hijo del Ahuizote*, entre otros, que por esos años ya circulaban y eran leídos por diferentes públicos, y que eran más radicales en sus posiciones que las que don Belisario manifestaba, pues ya no esperaban de parte del gobierno ninguna actitud favorable hacia el pueblo. En cambio, don Belisario consideraba que la prensa podía ser una buena mediadora con el gobierno central:

> ... si desde ahora comienza la prensa su noble tarea de educar al pueblo y de refrenar los abusos, si en los Estados se fundan también periódicos independientes que trabajen en el mismo sentido, transmitiendo las impresiones y reclamaciones de los pueblos, a la prensa metropolitana, que se encargará de rectificarlas, interpretarlas, darles su justo valor y entregarlas así elaboradas al gobierno para que él tome las medidas que juzgue convenientes, entonces México no tardará en salir del periodo de regeneración en que se encuentra actualmente y entrará de lleno en el periodo de engrandecimiento, entonces se establecerá la verdadera armonía de los gobernados con los gobernantes y el pueblo mexicano deberá al ilustre General Díaz, no sólo la paz sino también la dicha.

Todo permite suponer que para ese momento, Domínguez todavía creía en las virtudes personales de Díaz y en los beneficios de su gobierno, pues aunque su opinión en privado no llegara a ser tan positiva como aparece en la hoja, es un hecho que no hay cuestionamientos de fondo hacia el gobierno central, salvo la vigilancia de lo que sucedía en los estados, a diferencia de su manera de abordar la problemática chiapaneca, que resaltaba con toda nitidez algunas de las desgracias de su tierra natal. También es evidente que el doctor estaba buscando una solución conciliadora que lo ayudara a atender ese punto, para él, de vital importancia.

Finalmente, el doctor concluía su hoja solicitando a los periodistas que no negaran su apoyo a Chiapas.

El doctor Domínguez tenía razón: era sorprendente que alguien emprendiera, en soledad, la empresa de defender su terruño; si alguien deseaba algún cambio o hacer una denuncia, intentaba entonces entrar en un grupo o bien trataba de organizarlo. Las condiciones de vida y políticas del país habían llevado a que se manifestara con más insistencia la inconformidad social. Así, en febrero de 1901, convocados por Camilo Arriaga, se reunieron en la ciudad de San Luis Potosí hombres de muchas zonas de México que, temerosos de que la reconciliación que llevaba a cabo el gobierno con la Iglesia Católica trajera como consecuencia la desaparición de las Leyes de Reforma, e inconformes con la impartición de justicia y el poder omnímodo de Díaz, se dieron a la tarea de organizar el Partido Liberal. La actividad sostenida —a través de la prensa o mítines y asambleas— de gente como los hermanos Flores Magón (Jesús, Ricardo y Enrique), Arriaga, Antonio Díaz Soto y Gama, Juan Sarabia, Antonio I. Villarreal, Esteban Baca Calderón y Manuel M. Diéguez, entre otros muchos, desató la persecución del régimen; algunos fueron apresados y otros decidieron salir de México hacia Estados Unidos, para seguir desde allí la lucha. En ese país se llevó a cabo un proceso de radicalización que no todos compartieron y que se expresó de manera contundente en junio de 1906, en el Programa del Partido Liberal. Este documento, de enorme importancia por lo certero de sus propuestas para resolver algunos problemas —de allí que fueran retomadas a lo largo del proceso revolucionario y en el Congreso Constituyente de 1916-1917, cuando menos en algunas de sus partes, como las relativas a los aspectos laboral, educativo, anticlerical y las que exigían del Estado una mayor intervención en lo económico—, era no sólo una plataforma electoral, sino sobre todo un programa de gobierno y un ataque directo al régimen.

Un poco antes, Francisco I. Madero empezó a participar en el ámbito político, si bien restringido inicialmente a su municipio —precisamente la experiencia política a través de sucesivas derrotas lo decidieron a ampliar su actividad. De la organización para participar en las elecciones municipales, pasó a la de los clubes políticos para decidir el gobierno estatal y, luego, a la organización de un partido nacional para enfrentar al "príncipe de la paz" en las elecciones federales.

Lo que importa destacar es que su procedimiento tenía semejanzas y diferencias con el de Belisario Domínguez. Por su parte, Madero estableció una relación epistolar con cuanto crítico del sistema o periodista independiente del que tenía noticia, estas relaciones las mantuvo o no a lo largo de los años, según se identificara con ellas en lo que a ideas y métodos de lucha política se refería. Por ejemplo, para 1906 ya había roto con Ricardo Flores Magón por su radicalidad, a cambio de llegar a acuerdos y aglutinar una fuerza suficiente que oponer a la oligarquía adueñada del control político en el país. Belisario, en cambio, ya lo vemos, optó por la soledad y la acción personal, no electoral, y la denuncia directa y comprometida con Chiapas. Sin embargo, tanto Madero como Domínguez pensaban que la prensa tenía un gran poder; el último convocaba a los periodistas a cumplir con su deber; el primero, no: buscaba a los que comulgaban con sus ideas, los convencía y apoyaba con dinero la publicación de los periódicos —así lo hizo con *Regeneración*, del Partido Liberal, por algún tiempo—, o los fundó y sostuvo, como *El Demócrata*, de carácter local en Coahuila, o más tarde, *El Antirreeleccionista*, entre otros.

En este sentido, y viendo, quizá, que su llamado a los periodistas en general no tenía éxito, don Belisario se decidió a publicar un pequeño periódico, que no sorprende menos que sus hojas volantes, pues él era "director, propietario y único responsable". De esta gaceta sólo editó cuatro números, en febrero, julio, agosto y septiembre de 1904, no obstante que en el primero se indicaba que sería gratuito y saldría tres veces al mes. Este pequeño suplemento, de sólo cuatro páginas, se llamaba *El Vate, periódico de literatura, filosofía y variedades,* y aunque esta palabra aludía de manera muy directa a la poesía, pues se le decía *vate* al poeta, y también significa "adivinador" o "el que vaticina", la publicación no tuvo nada que ver con estas cuestiones: el doctor la formó con las iniciales de cuatro palabras: *V* de *virtud,* hacer el bien y evitar el mal; *A* de *alegría,* goce interior que nace de la "tranquilidad del alma y de la satisfacción del deber cumplido"; *T* de *trabajo,* el cual se define por su utilidad: todos deben trabajar para que ellos y su prójimo sean igualmente felices; y *E* de *estoicismo,* "la serenidad del alma que permite al hombre ser dueño de sí mismo".[5] Destacar estas ideas es toda una declaración de principios personales, por ello nos vamos a detener en el contenido de estos pequeños periódicos.

Los números publicados no tuvieron apartados preestablecidos, don Belisario escribía sobre los asuntos que él deseaba exponer y discutir con sus lectores, pues hacía un llamado para que le comunicaran sus opiniones. Únicamente al final de cada edición repetía ciertas secciones. Una se llamaba "El vate", en ella indicaba que se repartía gratuitamente, y que quien deseara recibirlo, debía indicar su nombre y dirección. En el primer número se planteó su periodicidad: tres veces al mes; como no se cumplió, y seguramente el doctor quiso sopesar las dificultades antes de comprometerse a ofrecer alguna disculpa, prefirió no mencionar nada al respecto en el siguiente número; en los dos últimos, y en el cintillo, se señaló primero que aparecería los días 1 y 15 de cada mes, y después, que

---

5 *El Vate,* año 1, número 3, 15 de agosto de 1904. CM. Los periódicos están parcialmente reproducidos en González Marín, *op. cit.* Los números completos se obtuvieron en la CM y en la Universidad de Ciencias y Artes del Estado de Chiapas. A continuación se analizan exhaustivamente.

se publicaba dos veces al mes, pues la última edición salió el día 10 y no el 15. Es decir, fue bastante irregular. Otra de las breves secciones fijas se llamó "Saludo y súplica" en el primer número, y sólo "Súplica" en los siguientes; en ella, el pequeño periódico saludaba a "sus colegas", e indicaba que por sus condiciones no se atrevía a solicitar canje, pero suplicaba que, si alguno de ellos comentaba a favor o en contra de lo que *El Vate* planteaba, le enviaran los números correspondientes, y para tal efecto ofrecía la dirección de su consultorio en la ciudad de México: 2ª calle de Revillagigedo 818. A partir del segundo número, se incluyó otro apartado bajo el nombre de "Circulación", en el que "B. D." solicitaba que el periódico se divulgara, pasándolo a los amigos una vez que se hubiera leído.

Es pertinente aclarar tres puntos en lo que se refiere a las características generales de esta gacetilla: uno, se registró como artículo de segunda clase a partir del 20 de julio, lo cual hacía viable que se enviara por correo; otro, sólo los dos primeros números señalan en qué lugar se imprimieron —Tipografía J. Palencia, y la Tipografía Industrial—, y, por último, no se indica el tiraje que se imprimía.

Algunas de estas anotaciones nos permiten apreciar que el doctor se había impuesto una tarea del todo personal, incluido el costo, que no debió de haber sido bajo, si se considera la impresión y el envío; una tarea que implicaba mucho trabajo y un gran esfuerzo.

En el primer número, en un apartado que tituló "Patria", a ella le dedicó el doctor Domínguez la publicación, y expresó sus motivos:

... como prueba de buena voluntad de uno de tus hijos que te ama con ternura.

El plan que se presenta á mi espíritu ofrece grandes dificultades y sin embargo no vacilo en seguirlo y voy á desarrollarlo alegremente, porque estoy seguro que emprendo una obra buena.

En otra sección, denominada "Pensamiento", don Belisario dio cabida a un fragmento de Blas Pascal, en el que este autor enfatiza la fragilidad del ser humano. Paralela a esta debilidad, que pone al hombre en riesgo de ser destruido en cualquier instante por algún elemento de la naturaleza, cuenta con la cualidad de poder pensar; y —afirma Pascal— precisamente esa cualidad de pensar es la que da "nobleza" al hombre, pues, al morir, sabe lo que le está ocurriendo, en tanto que el universo, la naturaleza, no conocen la superioridad que tienen sobre el hombre; diríamos, no pueden pensarse a sí mismos. Para concluir, consideraba nuestro personaje:

> Toda nuestra dignidad consiste, pues, en el pensamiento. Por medio de éste debemos elevarnos y no por medio de la extensión y del tiempo, que nos es imposible llenar.
>
> Hagamos, pues, cuanto esté á nuestro alcance para pensar bien: he allí el principio de la moral.[6]

Las siguientes cuatro secciones se interrelacionan directamente con este punto. El hilo conductor son las corridas de toros como espectáculo delez+nable y degradante para la moralidad del hombre. La fiesta brava es analizada, cercada por el razonamiento moderno ilustrado de don Belisario, no sin antes describirla con cierto detalle en lo que se refiere a sus actores principales y el fin del espectáculo: la muerte del toro o el torero lesionado, pasando por la muerte terrible y dolorosa de varios caballos. Esta descripción lo conduce a meditar sobre el espectáculo y, a riesgo de que lo que va decir no le guste a mexicanos y españoles, decide dar su opinión, pues su objetivo es "corregir é instruir", reconociendo que su "obligación es hablar con toda la sinceridad que se debe á quien bien se quiere".

Así, condenó sin cortapisas dicho espectáculo, pues se trataba del montaje de un comportamiento vil, cruel y traicionero. De acuerdo con el doctor, el gusto se establece por la costumbre, de manera que si nos acostumbramos a la fiesta brava, el gusto por lo "in-moral" traerá como consecuencia una humanidad en el mismo sentido. La reflexión sobre es+

---

6 *Idem*, p. 1.

tos puntos es, de acuerdo con nuestro personaje, el arma más eficaz contra los gustos pervertidos.

> Si hemos llegado á ver con gusto semejante crueldad es porque no reflexionamos un solo instante en el peligro que corren los toreros y en el horrible sufrimiento de los animales; es porque la naturaleza del hombre llega gradualmente a contraer los vicios más repugnantes, y lo que al principio le causa repulsión se vuelve con el tiempo en voluptuoso placer.

En su opinión, lo que ocurre con la fiesta brava puede suceder con cualquier otra cosa: la primera gota de alcohol fuerte se escupirá con asco, si la acción se repite, "se absorberá con placer el funesto líquido".

Esta reflexión "Moral" daba paso a la "Invitación" a los mexicanos, españoles y pueblos hispanoamericanos que gustan de las corridas para que reflexionaran sobre ellas; estaba seguro de que "los sentimientos de benevolencia, de generosidad y de dulzura propios de vuestro carácter os hará renunciar para siempre á ese espectáculo que desdice con el grado de civilización á que habéis llegado y con las ideas de moralidad y progreso que deben reinar en el presente siglo".

En el número dos de *El Vate*, el doctor Domínguez volvió sobre el mismo asunto, agradeciendo las felicitaciones que se le hicieron por su escrito sobre el tema, para contestar luego las observaciones que algunos lectores le enviaron. Aquéllas y sus respectivas respuestas son muy interesantes, son la expresión de una época.

Los comentarios fueron varios y mostraban un sector pesimista, de alguna manera comodino, que consideraba que la sociedad no cambiaba y más bien deseaba solazarse en su incultura y vicios, lo cual justificaba su inmovilidad y falta de compromiso. Otros, de una visión evolucionista bastante esquemática, eran del tenor siguiente: que la sociedad no había alcanzado un estado de desarrollo como para aceptar esa clase de escritos, además de que no le agradaba que le criticaran sus defectos ni mucho menos sus vicios; que el progreso llegaría por sí mismo, y cuando llegara, se suprimirían las corridas de toros; que los esfuerzos de Domínguez serían estériles: que no lo leerían; además, se preguntaban qué se ganaría con tal supresión, pues siendo tan popular dicho espectáculo en el país, no faltaría quien tachara de antipatriota su suspensión, si es que se lograba. También se señalaba al doctor que su actividad era inútil, que sólo estaba tirando su dinero, ya que no iba a conseguir nada como beneficio.

El doctor Domínguez respondió que no había espera posible, precisamente en el momento que existía el mal era cuando debía combatírselo, y no cuando hubiera desaparecido, y destacaba que, a lo largo del tiempo, siempre habían existido hombres que habían servido a la sociedad precisamente diciéndole la verdad, ésa había sido su labor benéfica. En su opinión, México era un país suficientemente civilizado como para evitar ese espectáculo "horrible y degradante",[7] pero, además, hacía hincapié en que sólo sobre la base del trabajo era posible conseguir riqueza, ciencia, y progreso. Su formación positivista se imponía, dando como resultado una mirada optimista y confiada con respecto a los avances del hombre y el valor redentor del trabajo: "Todos los adelantos de la humanidad se han alcanzado merced al esfuerzo de los hombres; el trabajo constante lo vence todo". Nuevamente, en este documento estuvieron presentes sus conceptos en torno al bien y la moral: por ello no podía aceptar de ninguna manera que su esfuerzo sería infructuoso. "La semilla del bien nunca es estéril". Así que, ya que tantos defendían la fiesta brava, convenía que hubiera quien denunciara lo que ella implicaba: barbarie, incultura, inexistencia del arte.

Un punto muy importante para el doctor era que él pensaba que hacía lo que debía hacer; lo que le era posible por el bien de su "raza"; además, estaba seguro de que lo seguirían aquellos que creyeran que el hombre debe hacer el bien y evitar el mal, porque algo que se ganaría si se

---

7 *El Vate*, año 1, núm. 2, 10 de julio de 1904.

suprimían las corridas era que el dinero que gastaba el pueblo para "envilecerse" lo emplearía en comprar pan, carne, ropa, instrumentos que facilitaran el trabajo y aumentaran la riqueza, y libros que lo hicieran más culto y feliz. Finalmente, decía, no le importaba su fortuna material, porque su fortuna real era de tal naturaleza, "que mientras más se gasta más abunda". Indudablemente se refería a la satisfacción del deber cumplido, de luchar por el bien de los demás.

Domínguez dedicó la mayor parte de este segundo opúsculo, en un artículo llamado "Un sueño", a lanzar una propuesta política nacida de algo parecido a una experiencia religiosa, en la que se cae en cuenta que Dios está presente en cada parte de la creación.

> Señor: ¡Tú eres infinitamente bueno! ¡Tú solo eres grande! Por doquiera que el hombre dirija su vista encuentra pruebas evidentes de tu existencia. Si han [sic] habido hombres que te nieguen es porque no han sabido pensar; es porque en su inmenso deseo de conocerte han querido comprenderte, olvidando en su ardiente afán, que el hombre es aún incapaz de comprenderse a sí mismo, ni de comprender al más pequeño insecto; es porque han querido analizar tu obra, ignorando que es imposible analizar el infinito; es porque, diminuta hormiga, ha querido el hombre, en su ansia de saber, apurar de un sorbo el agua de todos los mares y no habiéndolo conseguido, se ha trastornado su razón y ha terminado por negarte. ¡Permite Dios omnipotente, que todos los Hombres aprendamos a pensar!

De la reflexión sobre el ensueño y la experiencia religiosa, nuestro personaje pasó a apelar a la unidad armónica que había experimentado para proponer de qué manera la humanidad podía progresar y ser feliz. De manera indirecta se presentaba a sí mismo como un hombre que deseaba "hacer algo por la felicidad común"; que creía que el más bello ideal de la humanidad era que todos los hombres llegasen a "entenderse, amarse y ayudarse los unos a los otros"; que jamás se había abatido ante la adversidad, ni exaltado en la prosperidad y que, a pesar de sus desgracias era feliz y creía poder contribuir a la dicha de los demás. No obstante su certeza, pedía a los lectores que no aceptaran irreflexivamente lo que decía, sino que sometieran su propuesta al rigor de la razón.

El punto de partida de su solución para alcanzar el progreso era reconocer que la vida era cada vez más difícil en el mundo entero, que la clase pobre, la más numerosa, veía aumentar su miseria conforme aumentaba la población en las grandes ciudades. También consideraba, como cualquier otra persona ilustrada de su tiempo, que el hombre estaba "destinado a marchar indefinidamente hacia la perfección", y para ayudarlo en este camino, había que: adoptar el español como "idioma internacional Universal", conservando cada nación su lengua original, por tres razones:

- no podría imponerse ninguna lengua perteneciente a los pueblos más poderosos, ya que ninguno de los más débiles lo permitiría; aceptar su propuesta no representaría, pues, la imposición de los más fuertes.
- los pueblos de la América española eran hospitalarios, despoblados, extensos y fecundos; si en todas partes se aprendía el español, los habitantes de las ciudades más densas y modernas podrían trasladarse a esta región del mundo, en donde serían bien recibidos, y al establecer sus industrias o ayudando a cultivar "nuestros admirables terrenos vírgenes" o bien extrayendo los minerales, harían su felicidad igual que la de los americanos.
- los más fuertes e instruidos eran los que debían dar el primer paso en aprender otra lengua, pues eran los que tenían más recursos, "dando así el primer paso hacia la confraternidad de todos los pueblos del orbe".

Como complemento de un lenguaje universal, sugería que se adoptara un sistema, también universal, de monedas, pesas y medidas, el cual sólo podía ser el métrico decimal, por su "superioridad" sobre los otros.

Esta propuesta, un tanto extraña o simplista, que se basaba sobre todo en la buena voluntad de los seres humanos, explícitamente exaltaba la migración como una manera de resolver los problemas nacionales, en este caso reducidos a los económicos, cuyos beneficios serían generales, pues no parecía excluirse a ningún sector de la sociedad. La medida no se separaba de las vertidas anteriormente con insistencia por los positivistas sobre las bondades que traería la colonización extranjera, específicamente la blanca, en particular, si se tomaba nota de que los países desarrollados estaban precisamente habitados por blancos.

Idílicamente, Domínguez consideraba que estos proyectos estaban al alcance de los países civilizados y que, con buena voluntad, se podrían llevar a cabo en ¡cinco años!

En el número tres de la publicación —un poco más variado que los otros— continuó desarrollando su fórmula para el progreso, en esta oportunidad para alcanzar "la mayor suma de felicidad sobre la tierra", que consistía nada menos que en un conjunto de valores: *virtud, armonía, trabajo y estoicismo*. De acuerdo con el doctor Domínguez, quien hiciera el bien y evitara el mal no tendría jamás de qué arrepentirse ni cargaría con el peso de los remordimientos; por otra parte, el goce que surgía de la tranquilidad y la satisfacción del deber cumplido era la alegría que acompaña siempre al hombre de bien, considerando, además, que nadie puede ser feliz si no trabaja: el trabajo abría la posibilidad al hombre de ser mejor por la educación del cuerpo y el alma. El pobre debía trabajar para salvarse él y su familia de la miseria y poder ayudar a su semejantes; y el rico, para mejorar la situación de los desgraciados y de la sociedad en general: "ésa es la misión más noble que el hombre está llamado a desempeñar sobre la tierra, ése es también el placer más exquisito que el ser humano pueda disfrutar en este mundo". Por último, el estoicismo, como parte de esa fórmula, para que el hombre rechazara la impaciencia, la ira, el miedo, el abatimiento, la aflicción y la tristeza "como estorbos perniciosos que jamás ayudan a resolver una dificultad".[8]

En opinión del doctor, esta fórmula podía trazar con precisión la línea de conducta que debía seguirse, teniendo presente que "la perfección no es de este mundo, que debéis luchar constantemente con vosotros mismos para manteneros en el buen camino, porque todo hombre es pequeño y débil y á menudo cede á su flaqueza. Sólo Dios es perfecto".

En otro artículo volvió sobre un punto que lo tocaba muy de cerca: Chiapas, Comitán, un hospital. En él relató cómo Crisóforo Albores y Antonio Alfaro se propusieron construir un nuevo nosocomio, en virtud de que el creado cien años atrás por María Ignacia Gandulfo resultaba insuficiente para la población.[9] Con algunas personas del lugar, se creó una Junta Popular de Beneficencia, que abrió una suscripción para reunir fondos; pronto se reunieron cinco mil pesos, algunos dueños de fincas ofrecieron dar madera, otros, cal o piedra, y los obreros y artesanos, dar un día de trabajo al mes durante dos años: "Fue el noble impulso de un pueblo entero trabajando en bien de los infelices".

---

8 *El Vate*, año 1, núm. 3, 15 de agosto de 1904.

9 El 22 de mayo de 1789, esta señora, oriunda de Comitán, legó sus bienes, por no tener descendientes, ni ascendientes, a "los pobres y desvalidos enfermos y enfermas de este Pueblo y a los forasteros que les aconteciere alguna enfermedad en él o viniesen ya enfermos". Para ello, dejaba su casa para que se convirtiera en hospital, pues estaba colocada en la plaza mayor del pueblo. Consideraba que, por su construcción de dos alas, cómodamente se podían separar a los enfermos por sexo. Para garantizar los recursos del hospital, dejaba sus bienes y la hacienda de Santiago Juncana, a fin de que, bien administrados, pudieran servir de apoyo permanente a esta tarea. Uno de los párrafos del testamento decía: "Y a todos los vecinos y moradores de este pueblo les ruego y suplico alimenten y promuevan para cuando al caso llegue todas las piadosas proporciones que se presenten para el fomento y rentas de esta casa Hospitalaria". Francisco Orozco y Jiménez, *Documentos inéditos de la historia de la iglesia de Chiapas,* tomo 1, Tuxtla Gutiérrez: Consejo Estatal para la Cultura y las Artes, 1999.

Repentinamente, una ley estatal sobre los fondos de los hospitales paralizó los trabajos. La gente de Comitán intentó inútilmente gestionar la construcción del edificio, y también fueron infructuosas las denuncias que hizo *El Clavel Rojo,* periódico comiteco. En opinión del doctor Domínguez, no había que abandonar las esperanzas de ver concluida la obra: había que informar a Díaz de lo que ocurría en el lugar. Todavía estaba convencido de que los problemas del estado se debían a la falta de información del caudillo, o bien se amparaba en esta especie de inocencia, quizá fingida, para no enfrentarlo, y de este modo lograr, más astutamente, la intervención favorable del mandatario con respecto al proyecto.

Otro artículo, "Prodigio fabuloso", retomó el asunto de las corridas de toros, sólo que ahora don Belisario se valía de una farsa para pedir que se reflexionara sobre ellas: al entrar el primer caballo a la arena, le dirigía un discurso de despedida al público, haciéndole ver sus servicios al hombre y de qué forma le pagaba éste, contemplando cómo despedazaban su cuerpo y divirtiéndose cuando el caballo, decrépito y agotado, se enfrentaba al toro.

Muy brevemente, en un apartado que recibe el nombre de "Pensamientos", don Belisario expuso de nueva cuenta cómo podía el hombre alcanzar el progreso a través del español como idioma universal. En realidad, se exponía un proyecto de colonización diferente al porfiriano; sin embargo, la posibilidad de "mejorar" las prácticas agrícolas e industriales, y aun la "raza", a través de la migración, ya había demostrado su inviabilidad, pues a los extranjeros no les resultaba atractivo nuestro país. Pero lo que también era cierto es que el doctor señalaba un problema muy específico de Chiapas, ya que en esos años era uno de los estados más despoblados de México, y se explicaba que su pobreza provenía de la falta de explotación de sus riquezas.

En la última edición de *El Vate,* Belisario Domínguez insistió en el tema de las corridas de toros, como veremos adelante, y en una pequeña nota hizo saber que el asunto del hospital de Comitán, abordado en el número anterior, se estaba solucionando; anticipándose, agradeció y felicitó al gobernador del estado por su participación y enviaba su enhorabuena al pueblo comiteco.

Otra sección de este número es un "drama en un acto" titulado "El verdadero Juárez". En él, el doctor desarrolló el tema recurrente de la tarea periodística que se impuso: el trabajo conjunto para lograr el bien y la felicidad comunes. En el momento en que la muerte de su esposa culminó sus pérdidas familiares, el doctor se volcaba hacia sus semejantes para ayudarlos a encontrar el camino de la felicidad social.

En este drama aparecen como personajes: la Patria, como "madre amorosa",[10] Bulnes —incuestionablemente el polémico Francisco Bulnes—,[11] "tres mexicanos", representantes del pueblo, y el espectro de Juárez. Los mexicanos, al igual que la Patria que le reprochaba su conducta, le preguntaban a Bulnes cuál era su objetivo al cuestionar a Juárez, para qué quería menguar su gloria.

En realidad no había una trama en particular, era una respuesta a la obra del polémico escritor, un llamado para que dejara de atacar a Juárez, actitud que el país rechazaba, como lo demostraban los comentarios que el libro *El verdadero Juárez*, de Bulnes, había desatado. Terminaba este "drama" con una invitación de la Patria a sus hijos para lograr el bienestar: "Olvidad vuestras diferencias, amaos y respetaos los unos á los otros, trabajad todos en bien de la comunidad y me haréis muy dichosa y seréis muy felices".

---

10 *El Vate,* año 1, núm. 4, 10 de septiembre de 1904.

11 Francisco Bulnes (1847-1924) Aunque hizo estudios de ingeniería y ejerció como tal, se dedicó a la política: fue diputado y senador durante el gobierno de Porfirio Díaz. Escribió varias obras históricas, algunas de las cuales levantaron serias discusiones; así ocurrió con la que escribió en 1904, titulada *El verdadero Juárez*. Por toda la República se dejaron oír las voces de sus detractores. Belisario Domínguez expresó de esta manera su opinión al respecto.

En relación con el tema más desarrollado en el folletín, el de la fiesta taurina, en esta última oportunidad le tocó tomar la palabra al toro. En el artículo, la bestia hacía notar que en realidad ella no hería o mataba al hombre que se le oponía en la fiesta brava: sólo era un instrumento del público, para asistir "como espectadores estúpidos al triunfo de la bestia sobre el ser inteligente". El doctor, sin duda, aborrecía la tauromaquia y la combatía con argumentos de carácter moral, pues veía en esta festividad la pérdida de la racionalidad —elemento que exaltó a lo largo de sus escritos como la cualidad por excelencia del ser humano— y del respeto por el hombre mismo: "Ante la sublime fuerza de la inteligencia se humilla toda fuerza bruta". Percibía en la construcción del festejo un mecanismo que, de seguir así, podía extrapolarse a la cotidianidad, pues al acostumbrarse el hombre a la barbarie, empezaba a gozarla.

Las corridas de toros eran para Belisario Domínguez un mal para el hombre mismo, no un mal para los animales, puesto que eran la escenificación de la brutalidad de lo moral, la barbarie meticulosa que se articulaba para alcanzar los "antivalores", las acciones más bajas a las que se podía llegar: el engaño, la traición y la muerte. "Tened pues bien entendido y no olvidéis jamás, que en cada corrida de toros renunciáis á vuestra dignidad de seres racionales, gozando el mal por el mal mismo, y ultrajando así la moral, la naturaleza y la civilización."

En las corridas de toros la moral se pervertía, y, según Domínguez, de ella, de la moral, dependía el porvenir de la patria, por eso su aversión. "De la moralidad en todos los ramos depende el porvenir de la patria [...] Para que nuestro país avance con paso uniformemente acelerado hacia el hermoso ideal del progreso que le llama y le sonríe, es preciso que cada generación llene dignamente la labor que su época y sus circunstancias le imponen."

Su insistencia en el tema produjo respuestas: por ello les agradeció particularmente a los estudiantes de la ciudad de México sus comentarios, por expresivos y afectuosos. También recibió anotaciones de otros grupos de lectores y de diferentes regiones de la República, y, por otra parte, los periódicos *The Mexican Herald* de la ciudad de México y el *Diario Comercial* de Veracruz secundaron su campaña.

Efectivamente, en dos ocasiones este periódico de la colonia estadounidense en México abordó el tema y mencionó la actividad de *El Vate*. En la primera ocasión, a raíz de que se informaba y comentaba sobre el reconocimiento de la Sociedad Mexicana de Prevención de la Crueldad hacia los Animales, se hacía saber que una persona, el doctor Domínguez, editor y propietario del periódico, había emprendido una "muy fuerte campaña contra la perniciosa costumbre de la fiesta brava", e indicaba que podían encontrar los artículos en las oficinas de la Sociedad.[12] Quince días más tarde, se mencionó otra vez el asunto, al abordar nuevamente algunas cuestiones relativas a esta agrupación, y su pronunciamiento sobre la necesidad de leyes y reglamentos sobre las peleas de gallos y las corridas de toros, se indicaba: "Muchos de los periódicos del país atacan abiertamente estas prácticas y *El Vate*, publicado en esta ciudad por el Dr. B. Domínguez, ofrece la mayor parte de su espacio para combatir y evitar la fiesta brava".[13]

El periódico no volvió a aparecer, no obstante que el doctor mantuvo su residencia en la ciudad de México por un año más. No hay indicios en el último número que sugieran las razones por las cuales dejó de editarlo; por el contrario, parecía que empezaba a tomar ritmo y que la gente que lo recibía o lo leía le otorgaba su aceptación.

Moral y ética como ideas rectoras

Al leer *El Vate*, Belisario Domínguez se nos muestra como un hombre comprometido con su tiempo y consigo mismo, deja verse como una persona de meditaciones éticas, morales y políticas que despliegan una gama

---

12 "Some active work" en *The Mexican Herald,* 15 de agosto de 1904, p. 2.

13 "Agent is apponteid", *Idem*, 29 de agosto de 1904, p. 2.

de múltiples influencias teóricas no del todo fáciles de determinar. Su vida personal y su vida política poseen una relación intrincada, casi, tautológica, que nos fuerzan a preguntarnos por las bases de sus reflexiones.

En primer lugar, cabe destacar la constante idea de progreso que parece atribuirle a la humanidad, tanto en su conjunto como en las individualidades. Esta idea tiene una larga historia, que no es sencilla y que inmediatamente nos recuerda a Augusto Comte y el positivismo, pero también en muchos aspectos a Kant (1724-1804) en su filosofía de la historia, según la desarrolla en su artículo "Si el género humano se halla en progreso constante hacia mejor".[14] Primero, precisamente, por la idea de que el hombre marcha hacia adelante, y esa marcha implica una mejoría; en segundo lugar, por la fuerte inclinación racionalista de la exigencia que hace Kant a las individualidades: "Ten el valor de servirte de tu propia razón", y en tercero, por la moral y la ética de corte kantianas que parcialmente se exponen en este texto, y que pueden percibirse a lo largo de los escritos y los actos de don Belisario. Esta idea se refuerza con el hecho de que en su biblioteca existió —y existe— un ejemplar de la *Crítica de la razón pura*,[15] lo cual parece indicar que conocía al filósofo alemán. Sin embargo, sólo se encuentra esta obra de Kant, por lo que es necesario rastrear desde otro ángulo esta idea del progreso.

Don Belisario contaba también con lecturas sobre Augusto Comte (1798-1857) y Herbert Spencer (1820-1903), positivista y evolucionista del siglo XIX, respectivamente. La filosofía de Comte, ya se ha mencionado, apostaba por la razón y la ciencia como únicas guías de la humanidad capaces de instaurar el orden social, sin apelar a oscurantismos teológicos o metafísicos. Comte se adhiere a una postura que confía en la evolución como el medio para progresar, incompatible con el recurso revolucionario —el camino armado o violento—, apelando a la razón y a la

---

14 Immanuel Kant, *Filosofía de la Historia*, México: Fondo de Cultura Económica, 1997.

15 Catálogo de la Biblioteca del doctor Belisario Domínguez, CM.

reforma, contraponiéndose así a las propuestas ilustradas del siglo XVIII de Voltaire y Rousseau. En su biblioteca —no podía ser de otra manera—, Domínguez contaba con las obras de Augusto Comte,[16] de donde parece abrevar más directamente.

Por su parte, Spencer concibió la sociología como un instrumento dinámico al servicio de la reforma social y dedicó su vida a elaborar un sistema de filosofía evolucionista en la que consideró la evolución natural como clave de toda realidad, de modo que a partir de una ley mecánico--materialista de la misma realidad cabe explicar cualquier nivel progresivo: la materia, lo biológico, lo psíquico, lo social, etc. Spencer aplicó la teoría de la evolución a las manifestaciones del espíritu y a los problemas sociales, entre ellos, la educación, concretamente en su obra *La educación intelectual, moral y física*, que también figura en los haberes de don Belisario.[17]

Domínguez, bien lo sabemos, siempre se opuso a las reformas mediante las armas;[18] las empleó —lo veremos más adelante— sólo cuando le fue estrictamente necesario y como defensa, no como una medida para el cambio. En este sentido, y particularmente como hombre de ciencia que era, siempre deja entrever una fuerte influencia comtiana.

Sin embargo, Domínguez era también una persona de una profunda convicción religiosa: no un practicante católico, sino un creyente, característica que lo aleja del dogmatismo positivista, ya que, en la teoría de Comte, el primer estado del desarrollo social, y por ello el más primitivo, es el estado teológico, aquel en el que el hombre se explica el mundo a través de la visión providencialista. Su idea de la experiencia religiosa se acerca, una vez más, a Kant, para quien Dios es incognoscible mediante las facultades del entendimiento, pero cuya postulación es necesaria para una acción moral: el infinito absoluto y la eternidad —dice Belisario Do-

16 *Ibid.*

17 *Ibid.*

18 Véanse los documentos relativos al rechazo al "Levantamiento en Comitán" y la "Felicitación al pueblo chiapaneco" en CM.

mínguez— sólo los puede abarcar y comprender Dios.[19] "¡Permite, Dios omnipotente, que todos los hombres aprendamos a pensar".[20] Pero una vez más se encuentran objeciones al total seguimiento de la filosofía kantiana.

Como ya se dijo, el primer ejemplar de *El Vate* comienza con una cita de Pascal, y aunque en ella se apela al pensamiento como fuente de la dignidad humana, Pascal es un profundo pensador de la religión cristiana y también un hombre de ciencia, alguien que en su *Pensée* nos deja entrever al hombre como el ser que debe buscar un equilibrio en todo. En su convicción religiosa y racionalista nos dice —con una fuerte reminiscencia de Santo Tomás de Aquino— que hay que creer para comprender y comprender para creer. Domínguez apunta: "Si alguna vez hubiera dudado de la existencia de Dios, en este instante mi duda hubiera quedado para siempre desvanecida y convertida en las más profunda admiración, y la más firme creencia".[21] Por lo demás, la idea de moralidad y eticidad que plasma Domínguez resulta un poco más inextricable. Por una parte, parece acercarse a Kant en su idea del deber, pero también da la impresión de estar de acuerdo con David Hume (1711-1776) al sugerir que la moral es algo que se construye mediante la costumbre.[22] Pero, como Domínguez no plasma una teoría moral ni ética de manera explícita, hay que encontrar otro hilo conductor.

Don Belisario poseía tres publicaciones de Samuel Smiles,[23] en donde, para tener una vida mejor, se apela a la enseñanza, el esfuerzo, la abnegación, la laboriosidad, la paciencia, la perseverancia y el buen criterio. Son obras de relativa ligereza y poca ortodoxia teórica, pero que poseen un espíritu que impulsa al progreso, sobre todo moral.

---

19 *Cf.* "Un sueño", en *El Vate*, año 1, núm. 2, 10 de julio de 1904.

20 *Ibid.*

21 *Ibid.*

22 *Cf.* "Moral", en *El Vate*, año 1, núm. 1, 23 de febrero de 1904, p. 3.

23 Catálogo... CM.

Smiles dice que "el progreso nacional es la suma de la laboriosidad individual, de la energía y la rectitud",[24] idea que Belisario expone una y otra vez. Es arriesgado decir que Smiles es el autor predilecto de Domínguez, pero es un hecho que, sin ser un clásico, se trata de un autor contemporáneo y que aparecen sus publicaciones en la biblioteca del doctor.[25] Precisamente en los trabajos de Smiles se menciona en varias ocasiones a Hume, lo que llenaría el vacío respecto de la moral humeana a la que se hacía referencia arriba, pues en su biblioteca no se encuentra ningún libro del filósofo escocés. Ahora bien, en la obra de Smiles, *actuar, pensar* y *enseñar* —temas que en Domínguez adquieren una relevancia pródiga— aparecen intrincadamente relacionados. En palabras de Smiles:

> Todo acto que ejecutamos ó toda palabra que pronunciamos, lo mismo que todo acto que presenciamos ó toda palabra que oímos, lleva consigo una influencia que se extiende, y da color, no solamente sobre nuestra

---

24 Samuel Smiles, *¡Ayúdate!*, traducción de G. Núñez de Pardo, Barcelona: Sopena, s/f.

25 Smiles vivió en la segunda mitad del siglo XIX, nació en Escocia. Entre su vida y la de Domínguez hay algunas coincidencias interesantes. A los 14 años, Smiles dejó de estudiar, pero fue aprendiz de doctor; después se lo aceptó en la Universidad de Edimburgo para hacer los estudios de medicina. En esa época hizo campaña a favor de una reforma parlamentaria y colaboró con artículos periodísticos en un semanario. Abandonó su trabajo como médico para dedicarse al periodismo con el propósito de promover cambios a través de la prensa. Sostuvo varias ideas radicales para su tiempo: se oponía a la aristocracia y trabajó a favor de una reforma parlamentaria sobre las condiciones de las fábricas. Estuvo a favor del voto secreto, la representación igualitaria, un parlamento con pocos miembros, y contra el requisito de ser propietarios de tierras para los candidatos parlamentarios. Hacia 1840 empezó a dar forma a su teoría sobre el desarrollo personal, la cual encontró expresión en su libro *¡Ayúdate!* Smiles se asoció con Roberto Owen y escribió para el periódico del célebre utopista *La Unión*. Otras de sus obras fueron *Carácter* y *deber*, además de algunas biografías.

vida futura, sino que se hace sentir sobre todo el organismo de la sociedad. Una vida tan bien empleada, un carácter sostenido con rectitud, no es un legado de poco valor para nuestros hijos, y para la sociedad.[26]

¿No es éste el ejemplo de don Belisario?

En resumen, Belisario Domínguez presenta en su pensamiento un racionalismo ecléctico en el que la fe y la ciencia están presentes sin excluirse nunca una a la otra. Por una parte, podemos encontrar influencias de las distintas corrientes filosóficas de los siglos XVIII y XIX, que van desde el racionalismo extremo de Descartes y el pensamiento moderno ilustrado de Kant, hasta el positivismo de Comte y Spencer, pasando por las controvertidas tesis morales humeanas y los grandes tratados morales de griegos y latinos. No parece posible adjudicarle una influencia directa o un seguimiento ortodoxo de ninguna teoría —salvo, quizá, la de Smiles—, pero sí las huellas o los vestigios de una amplia colección de lecturas de gran relevancia. Domínguez, podríamos decir, fue un extraordinario producto de su tiempo.

---

26 *Ibid.*

Capítulo 4
Nuevamente en Comitán

Vida de trabajo

El 20 de noviembre de 1905,[1] el doctor Domínguez regresó a su ciudad natal a instalar su residencia, aparentemente, de manera definitiva. No parecía atraerle mucho el bullicio de las grandes ciudades, o bien consideraba que su lugar estaba en Chiapas, en Comitán, donde era necesario y podía seguir luchando por la salud, el bienestar de la gente, que para él, era objetivo primordial en la vida.

Volvió a abrir nuevamente una farmacia, La Fraternidad, nombre que, por supuesto, no podía ser más adecuado para los sentimientos de don Belisario, pero, en realidad, la adquirió con ese nombre a Tiburcio Pinto, su cuñado, esposo de su hermana Enriqueta. La compró el 31 de enero de 1906 y continuó con sus servicios al día siguiente bajo la misma razón social. Estaba ubicada en la 2ª Avenida Sur, número 4, en el Cuartel del Centro. Don Belisario pagaba regularmente sus impuestos; por una de esas declaraciones podemos apreciar el gran movimiento de la farmacia. Para 1912 declaró una venta anual de seis mil pesos, lo cual le exigía un pago trimestral de $ 22.50, más 25% de impuesto municipal y otro 25% del federal, es decir $ 33.76 al trimestre o $ 135.00 pesos anuales.

---

1 Robledo Santiago, *op. cit.*

Sólo para tener elementos de comparación que permitan hacernos una idea más clara de lo que estas cantidades representaban, podemos agregar que un obrero ganaba alrededor de un peso diario y un campesino, aproximadamente, veinticinco centavos, pero debe tenerse en cuenta que estos montos no eran homogéneos en toda la República, y que sólo son indicadores generales.

La farmacia colindaba con el consultorio. En la Casa Museo se relata que los viejos contaban que, cuando la gente ya no cabía en el zaguán, las personas que iban a consulta se sentaban en la orilla de la banqueta a esperar su turno; a veces la fila daba vuelta en la esquina, en esas largas calles de Comitán. Asimismo, se asegura que el doctor no suspendía su actividad hasta que no se iba el último paciente. El boticario que trabajaba con el doctor se llamaba José María Mandujano —aunque también hay la versión de que su nombre era Gregorio Morales; quizá lo fueron los dos, pero en diferentes periodos—, quien tenía varios ayudantes: un hombre pequeñito llamado Asiscle Alfonso Nájera, Sabino Cancino y Cancino, y Tiburcio Pinto, su cuñado.[2]

Como había ocurrido antes, el consultorio tenía un pequeño buzón que daba a la farmacia, por el cual el doctor pasaba la receta para que fuera surtida; también anotaba una clave que indicaba el precio de las medicinas y la consulta: un real, dos reales o un tostón; en otras ocasiones, la receta decía "a mi cuenta", lo cual significaba que no debía cobrarse nada al paciente. Sus especialidades: la cirugía, la obstetricia y la oftalmología, fueron una práctica constante. Así, hasta muy cerca de su salida de Comitán, siguió abasteciéndose de los anteojos que debía ajustar a sus pacientes.[3]

---

2 Anónimo, *Belisario Domínguez. Paladín de la democracia mexicana. Interpretación de una vida histórica y humana*, México: 1964 (mecanoescrito). También en la CM existe el registro de estos hechos y nombres, y sus fotografías.

3 Factura de la Ferretería y Mercería El Globo. Schavenburg y Meyer, Sucs. De Tuxtla, que amparan la compra de tres docenas de anteojos. CM.

Es de esperar que le resultara al doctor más fácil en Comitán, que en la ciudad de México, combinar su intensa actividad profesional con la atención y la formación de sus hijos, y muy seguramente la vida familiar lo ayudaba a emprender aquella tarea, pues nunca volvió a casarse. Siempre contó con la ayuda invaluable de su hermana.[4] La vida transcurría sin mayores problemas para la familia, pues don Belisario, sin ser rico, tenía ingresos seguros e importantes, y cumplía sus compromisos sociales. Asimismo, seguía manifestando, cada vez que era necesario, que no sentía temor frente al poder ni temía defender sus opiniones de manera directa y sin eufemismos.

En la documentación puede apreciarse que colaboraba en cuanta obra social, cívica y religiosa se le solicitaba, lo cual nos muestra su posición relevante en Comitán; seguramente su opinión influía en todas las empresas que se iniciaban en la ciudad. Así, lo mismo colaboraba en un trabajo de gran envergadura como en la construcción de una obra pública, que con una organización de obreros.

Una de las más señaladas participaciones fue precisamente la relacionada con el hospital de su ciudad. Como hemos visto en páginas anteriores, don Belisario había formulado varias recriminaciones públicas al gobernador del estado por detener las obras del nosocomio; al final de la vida de *El Vate* parecía que las cosas habían cambiado, pero no fue así. Por ello, el 5 de enero de 1906, aprovechando una visita del gobernador Rafael Pimentel a Comitán, el doctor lo increpó duramente; le reprochó que durante años le habían solicitado sus paisanos que les devolviera los fondos de la Junta Popular de Beneficencia sin lograr éxito. Agregó:

---

4 En 1943, la Cámara de Senadores otorgó a doña Herlinda, cuando tenía 72 años, una pensión vitalicia de cien pesos mensuales. En la solicitud indicaba que siempre había dependido de don Belisario. Posteriormente, se le incrementó a doscientos pesos. Doña Herlinda falleció en 1963. Archivo Histórico y Memoria Legislativa de la Cámara de Senadores, en adelante AHYML. Expedientes Ramo Público. Legislatura XXXIX, Libro 167, Tomo 6, exp. 88; Legislatura XLII, Libro 188, Tomo 15, exp. 1 013.

> Exijo en nombre de los comitenses, la devolución del dinero que pertene-
> ce al Hospital y a nadie más, y le exijo también que, si no ayuda, al menos
> no entorpezca [...] nadie tenía dificultad con entregar su dinero a la Junta
> [...] pues veíamos en qué estaba empleándose el esfuerzo de todos. Nadie
> veía la necesidad de la aplicación de ese nuevo Reglamento [por el cual
> el gobierno se ocupaba directamente de las obras, eliminando a la Junta].
> Los dineros del pueblo se han evaporado, cada vez que el gobierno se ha
> dado la paternal facultad de administrarlos. Si los devuelve y no obstacu-
> liza la labor de la Junta Popular de Beneficencia, olvidaremos generosa-
> mente que hasta ahora ha sido esto una chicana de muy mal género.[5]

Al poco tiempo, la Junta recibió los discutidos fondos, y don Belisario se
dispuso a cooperar con esta obra —después de los enfermos, ¿a quién le
puede interesar más la construcción de un hospital que a un médico?—,
pero lo hizo de tal manera que no pudiera repetirse lo ocurrido: donó dos
mil doscientos cincuenta pesos en pesetas de cuño guatemalteco para el
efecto, con la restricción de que, si en algún momento el gobierno estatal
tomaba bajo su administración directa el capital del establecimiento de
beneficencia, él o sus descendientes "por orden y sin limitación de grados", tendrían derecho a reclamar la devolución del dinero.[6]

Al finalizar la primera década del siglo XX, la obra fue terminada,
no sin tener necesidad de reunir constantemente más recursos. La Sociedad Artístico Literaria "Agustín Rivera y San Román" organizó varias ve-
ladas para ese efecto, en la cuales se incluía al doctor.

---

5 González Marín, *op. cit.;* de acuerdo con Santiago Robledo, Belisario Domínguez se presentó al banquete que se le ofrecía al gobernador y, sin estar programada su participación, tomó la palabra. Su propósito era exigir que éste cumpliera
con su deber.

6 Acta de donación, 3 de agosto de 1906. Se levantó la escritura de donación respectiva, y se acordó notificar al gobernador, además de dar publicidad al hecho en
el periódico oficial estatal, incluyendo un "voto de gracias al filántropo donante,
señor Dr. Domínguez", en González Marín, *op. cit.*

En noviembre de 1908, la Sociedad de Auxilios Mutuos de Tapachula, por unanimidad de votos, nombró al doctor Belisario Domínguez socio honorario "en atención a los filantrópicos sentimientos y relevantes méritos" que concurrían en él.[7]

Nunca faltaron invitaciones para apadrinar, con el donativo de rigor, la construcción o el remozamiento de iglesias. Así ocurrió cuando se quiso construir el templo de la Sagrada Imagen del Señor del Pozo, en febrero de 1909, el cual, al ser inaugurado, contó con la presencia del obispo de Chiapas, Francisco Orozco y Jiménez; otro tanto sucedió cuando hubo que atender el altar mayor del templo parroquial de Zapatula, en mayo del mismo año. También muchas obras de carácter local o regional se hacían con la colaboración de los vecinos e interesados. Este tipo de prácticas desaparecieron en buena medida después de la Revolución para dar paso a nuevas actitudes, que eliminaron esa participación, para dejar la responsabilidad total en manos del Estado. El jefe político de la zona, en 1908, agradeció al doctor Domínguez que hubiera cooperado para instalar el alumbrado eléctrico, "cuya mejora importantísima es universalmente considerada como una de las más útiles y bellas conquistas de la moderna civilización". Más adelante, en mayo de 1910, la Junta Procuradora de la Construcción del Puente sobre el Río Grijalva en el paso para el Soconusco comunicó a Belisario Domínguez, como seguramente a otros muchos ciudadanos, los propósitos del gobernador Ramón Rabasa, en el sentido de que para iniciar dicha obra era necesario recabar donativos por un total de seis mil pesos; y se daba a conocer también el nombre de los integrantes de la Junta. Ésta, a su vez, designó una primera comisión para que asignara "con toda equidad, a los que como interesados debemos contribuir, las cuotas correspondientes", la cual realizó su tarea. El proyecto

---

7 Carta de Rafael García, Miguel Girón a BD, Tapachula, Chiapas, 8 de noviembre de 1908. CM

fue aprobado por la Junta, y en él a nuestro personaje le correspondía cooperar con veinticinco pesos, los cuales debía entregar al tesorero.[8]

También las agrupaciones civiles solicitaban su auxilio. En una oportunidad entregó diez libros al Casino de Obreros y en otra, la cantidad de cincuenta pesos para la compra de un piano. Ambos regalos correspondían a las ideas del doctor sobre las diversiones y la superación: la lectura y la música brindarían a los obreros la posibilidad de alejarse de actividades viles y los llevarían a ser cada día mejores.[9]

Esta vida, no exenta de compromiso, pero que parecía tener como único propósito resolver los problemas que hicieran más llevadera la cotidianidad, empezó a alterarse ante la efervescencia política nacional. Bernardo Reyes, posible candidato para disputar la vicepresidencia al lado del general Díaz, renunció a sus pretensiones políticas cuando el viejo caudillo prefirió a Ramón Corral como compañero de fórmula y salió del país; sus numerosos partidarios, que se habían movilizado rápidamente por diferentes regiones, detuvieron sus actividades políticas o se sumaron a las fuerzas antirreeleccionistas. Así, la campaña maderista fue cobrando fuerza, primero, para fundar una agrupación, el Partido Antirreeleccionista, y después, para promover la candidatura a la presidencia de Francisco I. Madero y la de Francisco Vázquez Gómez a la vicepresidencia.

No obstante que el ambiente estaba cargado de intranquilidad por la sucesión, las campañas electorales y unas elecciones fraudulentas, que se celebraron mientras el líder opositor y varios de sus correligionarios estaban injustamente en la cárcel, el gobierno federal decidió continuar con los festejos del primer centenario del inicio de la Guerra de Independencia.

El doctor Domínguez estuvo en la ciudad de México para esas fechas, y quizá asistió a algunas de las celebraciones oficiales. El 22 de agos-

---

8 Ángel Pastrana Castellanos y Salvador Trujillo a BD, 4 de julio de 1908. Reinaldo Gordillo a BD, Comitán, 23 de mayo de 1910. CM.

9 Francisco Alvarado a BD, Comitán, 25 de septiembre de 1910; 3 de noviembre de 1911. CM.

to se expidió a su nombre un recibo por la suscripción al Primer Congreso Indianista Mexicano, que tendría verificativo del 23 al 29 de septiembre —uno más de los muchos actos culturales que se realizaron con ese motivo—. Los protectores de este congreso eran nada menos que el propio general Díaz, Ramón Corral, José Ives Limantour, Enrique Creel, Olegario Molina, Justino Fernández, Manuel González Cosío y Justo Sierra.[10] Sin embargo, el objeto de su visita fue exhumar los restos de su esposa para trasladarlos a Comitán, tal como, se asegura, le había prometido.

Revolución, caída de Díaz y cambios en Chiapas

No podemos olvidar que, si bien Madero se movilizó por las ciudades más importantes de todo el país para involucrar a los críticos del régimen con su organización, no le fue posible visitar todos los estados, y no tuvo éxito en todos los que visitó. Chiapas fue uno de esos lugares a los que ya no acudió. Por otro lado, no se sabe que haya habido allí un particular entusiasmo por los principios democratizadores sostenidos por Madero, toda vez que los conflictos locales eran la nota predominante. Un cambio en la situación del país no afectaba, salvo que diera posibilidad para que estas fuerzas locales se reacomodaran. Finalmente, "la política porfirista de *modernización conservadora* (entendida ésta como una acción emprendida desde la cúpula para beneficiar a las élites) encontró en Chiapas un excelente laboratorio que condujo a la centralización política y el desarrollo económico".[11]

---

10 Recibo. México, D. F., 22 de agosto de 1910. CM.

11 Diana Guillén, *El maderismo en Chiapas (matices regionales del acontecer revolucionario)*, México: Instituto Nacional de Estudios Históricos de la Revolución Mexicana, 1994, *apud*. Thomas Benjamin, *A Rich Land, a Poor People. Politics and Society in Modern Chiapas*, Albuquerque: University of New Mexico Press, 1989.

Después de establecer el Partido Nacional Antirreeleccionista en la ciudad de México, en abril de 1910 —téngase en cuenta que con anterioridad ya se habían fundado numerosos clubes en las ciudades más importantes del país, y que de la convención de sus delegados surgió la organización nacional, los candidatos a la presidencia y vicepresidencia de la República y el programa del partido—, Madero inició propiamente su campaña electoral. Poco tiempo después fue aprehendido en Monterrey, y se lo trasladó a San Luis Potosí, para encarcelarlo. Las elecciones del mes de julio se celebraron con uno de los candidatos presidenciales en prisión.[12] Cuando Madero la abandonó y, aunque debía continuar en la ciudad, decidió huir a San Antonio, Texas, para encontrarse con otros correligionarios y entregarse a organizar la revolución que tanto había querido evitar.

El Plan de San Luis —que en realidad se redactó en aquella ciudad de Estados Unidos, y que, para evitar problemas internacionales, se fechó el 5 de octubre, considerando el último día que el líder revolucionario estuvo en México— invitaba a los mexicanos a levantarse en armas contra Porfirio Díaz, toda vez que se habían agotado los caminos legales para sustituir al gobernante. Este documento, que dio inicio a la Revolución, circuló escasamente en el estado de Chiapas; la convocatoria apenas si tuvo éxito en la zona, a diferencia de otros lugares en los que, como Chihuahua, hubo grupos que se levantaron en armas para derrocar el régimen porfiriano. En pocos meses, y sin que se pudiera afirmar que las huestes revolucionarias habían acabado militarmente con el ejército federal, los jefes de ambos contingentes decidieron detener la lucha armada. Así, se firmaron los acuerdos de Ciudad Juárez en mayo de 1911. Sólo hasta ese mismo mes, pequeñas partidas maderistas chiapanecas tomaron Pichucalco, Ocosingo y las regiones de las villas de Flores y Corzo. Sin embargo, "puede afirmarse que la tardía adhesión al programa de Madero tuvo objetivos distintos en cada región, pero que en todos los casos respondió a los inte-

---

12 Stanley R. Ross, *Francisco I. Madero. Apóstol de la democracia mexicana,* versión española de Edelberto Torres, México: Biografías Gandesa, 1959.

reses locales en pugna, más que a una adopción del ideario que desde el centro y norte del país se proponía como alternativa para el continuismo porfirista".[13]

De acuerdo con el pacto norteño, Díaz y Corral renunciarían para dejar en manos de un gobierno interino el poder, el cual trabajaría con un gabinete acordado por los dos bandos: un gabinete de conciliación. Madero, por su parte, prefirió reservarse la posibilidad de llegar a la presidencia a través de los comicios que debían celebrarse ese mismo año.

Los acuerdos que intentaban pacificar el país no lograron su cometido; en cambio, se desató, sí, una agitación política difícil de contener ante la ausencia de Díaz, el "Gran Concertador". Nuevamente los intereses encontrados dieron lugar a confrontaciones que hacían evidente la falta de estabilidad política. En Chiapas, al renunciar Díaz, presentó también su dimisión el gobernador Ramón Rabasa, y el congreso local eligió interinamente a Manuel Trejo —miembro del grupo de Los Valles Centrales—, quien convocó a elecciones extraordinarias, pero renunció a favor de Eusebio Salazar y Madrid a veintiocho días de haber asumido la gubernatura, debido a la intervención de la gente de San Cristóbal ante Emilio Vázquez Gómez, el entonces secretario de Gobernación del presidente interino Francisco León de la Barra. Esta intromisión no fue del agrado de los diputados locales, que eligieron a Reynaldo Gordillo León, a quien insistentemente se ha señalado como maderista. Pero esta designación causó malestar en los grupos conservadores, que paralelamente encumbraron a su propio gobernador, Manuel Pineda.

Esta inestabilidad muestra las contradicciones y la fragmentación de la élite chiapaneca. Cierto es que el grupo de Los Valles era el que había colaborado muy de cerca con Porfirio Díaz, pero de ninguna manera podría suponerse que los alteños compartían las ideas de Madero: sólo podían ser sus antagonistas. Diana Guillén sostiene que, para explicar esta situación, habría que agregar a los conflictos locales la división de criterios

---

13 Diana Guillén, *op. cit.*

entre Vázquez Gómez y el propio Madero, pues mientras el primero se reunió con los sancristobaleneses para decidir la suerte del estado, Madero convocó a los chiapanecos residentes en la ciudad de México. En la entrevista que sostuvieron, noventa y nueve de los asistentes votaron y eligieron a Flavio Guillén para ocupar la gubernatura por 67 votos, contra 28 de Eusebio Salazar y Madrid. Sin embargo, el secretario de Gobernación trató de imponer a Salazar, su candidato.[14] Ninguna de las dos salidas puede considerarse aceptable: ¿qué podían decir los habitantes de Chiapas y particularmente el congreso local de estos acuerdos? Por ello, deslindándose de las decisiones del centro —que buscaban acabar con la polarización partidaria del estado—, la legislatura local nombró a Gordillo León, que sostenía la confrontación fundamental. Los vacíos de poder que se abrían ofrecieron la posibilidad de que el grupo conservador cuestionara la decisión y se creara un gobierno paralelo. El único camino que quedaba a los chiapanecos para dirimir el conflicto era el de las armas.

Las cosas eran a tal punto difíciles en las esferas del poder estatal, que también este gobernador se separó del cargo, y se nombró a Policarpo Rueda en su lugar. También se asegura que sus partidarios, entre los que se incluye a Belisario Domínguez, convencieron a Gordillo León de que debía renunciar para competir en los comicios, y que fue ésa la razón para que presentara su renuncia el 28 de junio. Por "causas de salud", Rueda también abandonó la investidura el 17 de agosto, aunque durante el breve lapso de su gobierno, se logró que las fuerzas en pugna se reagruparan y ocuparan espacios antes controlados totalmente por la "oligarquía modernizadora tuxtleca"; pero su presencia era débil, pues, al parecer, dependía fundamentalmente del apoyo de Vázquez Gómez, por lo que, al salir éste del gabinete presidencial interino, Rueda quedó sin fuerza alguna. No parecía que pudieran ir peor las cosas para el estado. En estas difíciles cir-

---

14 Diana Guillén, *op. cit.*; Ramón Reséndiz García y María Cristina Casas Flores, "Cuarta Parte. 1911-1940", en Ruiz Abreu, *op. cit.*

cunstancias, se designó a Manuel Rovelo Argüello, quien tuvo que convocar a elecciones locales.

En estos comicios, la fuerza de los tuxtlecos modernizadores volvió a demostrarse al ganar siete de los catorce departamentos del estado, en tanto que los conservadores de San Cristóbal se impusieron en cinco; los otros dos fueron ganados por candidatos independientes, aunque se anuló la elección en uno de ellos. El resultado provocó la reacción sancristobalense, que desconoció los resultados y se levantó en armas; el movimiento fue breve, pues quedó controlado a un mes de estallar. Entre los alzados se encontraba el mismo obispo, Francisco Orozco Jiménez, quien, bajo el pretexto de las confrontaciones entre las dos poblaciones que de tiempo atrás se disputaban el poder, encabezó a los indios chamulas acaudillados por su jefe llamado o apodado "El Pajarito". Este levantamiento condujo a que se organizaran varios batallones de voluntarios para sostener al nuevo gobierno. Comitán se mantuvo firme con el gobierno constituido, no sólo por ser "legal", sino por considerarlo más afín a sus ideas y propuestas.

La actividad política se impuso

Se ha comentado con reiteración que don Belisario domínguez no tenía ningún interés en la política. Es cierto que durante buena parte de su vida no se interesó en participar en ninguno de los niveles de gobierno; sin embargo, es un hecho que, a partir de 1911, los sucesos, si no su voluntad, lo fueron arrastrando a involucrarse en la vida política de Comitán ya no sólo como un benefactor, promotor o crítico: ahora ya se le pedía y se lo forzaba a ocupar un papel más decisivo y protagónico en las instancias de gobierno.

Sobre esta parte de su vida, las fuentes son poco claras y bastante contradictorias, pero todo permite suponer que, pese a que su interés fundamental estaba centrado en ejercer su profesión, las condiciones del estado echaron abajo sus reticencias a participar en la vida política. Don Belisario aceptó ser postulado como candidato a la presidencia municipal de Comitán, cargo que asumió el 1 de enero de 1911, antes de que concluyera el gobierno de Porfirio Díaz en la República y el de Ramón Rabasa en Chiapas: es decir, su presencia en el ayuntamiento iba a contrapelo de las otras autoridades, incluido el jefe político, que pertenecían al antiguo régimen, pero con el cual, sin duda, tenía más cercanía por ser liberal, que no con el más tradicionalista de San Cristóbal.

En julio, entre el día 14 y el 20, durante el gobierno de Policarpo Rueda, cuando se reacomodaron los espacios políticos, renunció a la presidencia municipal para ocupar la jefatura política, en pleno interinato de Francisco León de la Barra. Dimitió muy probablemente en diciembre, al solicitar el gobernador Manuel Rovelo Argüello su renuncia a todos los jefes políticos con el objeto de llegar a una conciliación entre los dos grupos siempre en pugna.

Se ha registrado que Sóstenes Domínguez, hermano de don Belisario, se afilió al maderismo y que el mismo doctor simpatizaba con este movimiento, hecho que no es difícil aceptar, pues la familia se había caracterizado por sus ideas liberales; sin embargo, no hay elementos que muestren su militancia en el Partido Nacional Antirreeleccionista o en el Constitucional Progresista, las sucesivas agrupaciones del maderismo. Por otro lado —cabe llamar la atención sobre ello—, ni siquiera puede sostenerse que uno de los grupos de Chiapas se identificara particularmente con las propuestas de Madero; eso sí, los dos grupos, en algunas de sus expresiones, invocaron al maderismo para justificar sus posiciones o su inconformidad con lo que sucedía en el estado. Desde luego, puede suponerse que, por su formación, don Belisario considerara que los ideales democráticos eran los válidos y que tarde o temprano se impondrían en la sociedad mexicana, como lo habían hecho en los países más desarrollados, ya que tanto el liberalismo como el positivismo así lo planteaban.

Finalmente, ambos, Madero y Domínguez, habían abrevado en estas ideas durante su estancia en París.[15]

Características indudables del carácter de don Belisario fueron su racionalidad, serenidad, claridad de ideas y su decisión para actuar. Todas ellas fueron desplegadas en su paso por la presidencia municipal.

Durante el breve lapso de su gestión —y podemos agregar que a pesar de la turbulencia política—, se realizaron diversas obras de importancia para el municipio y la localidad. Por un lado, reorganizó la hacienda municipal, o intentó hacerlo; mejoró el agua potable, construyendo un tanque de almacenamiento en el barrio de San Caralampio, que desde entonces se conoce también como Barrio de la Pila (allí se abastecían los aguadores que se encargaban de distribuir el agua en el pueblo); se abrieron caminos hacia las poblaciones vecinas; también decidió que los presos trabajaran en el embellecimiento de la ciudad, no como trabajo forzado, sino como un medio de regeneración —así se transformó la plaza central y el jardín de la Corregidora, en el barrio de San Sebastián. Además, organizó el servicio de limpieza de las calles y dio inicio a una nueva delineación del cementerio.[16] Es posible aceptar que, como se afirma, intentó cimentar las bases democráticas del municipio: no en balde había permanecido diez años en Francia y había podido observar los beneficios de esta doctrina y aun deseado que pudiera ejercerse en su pueblo natal.

---

15 Algún autor ha querido establecer una relación entre Madero y Domínguez en Francia, pero es difícil aceptarla sin pruebas. No se ha encontrado en la correspondencia de Madero un vínculo de esta naturaleza, y podría objetarse, además, que coincidieron en ese país poco tiempo (Madero estuvo en Francia de 1887 a 1892, y Belisario de 1879 a 1889), que Madero era diez años menor que Domínguez, que pertenecían a círculos sociales muy diferentes, que Madero no hizo una carrera profesional, sino que siguió estudios técnicos y que, durante su estancia, la práctica espiritista de Madero no fue compartida por el doctor comiteco.

16 Alexanderson, *op. cit.*; Olea, *op. cit.*; Robledo Santiago, *op. cit.*; CM.

Todavía como presidente municipal, informó que durante el mes de mayo la tranquilidad pública se vio alterada en el municipio debido a la noticia de que gente insurrecta en Ocosingo se dirigía a Comitán.[17]

La última sesión del ayuntamiento que el doctor presidió fue la del 14 de julio de 1911. En ella, el Círculo Fronterizo de la Libertad del Sufragio, encabezado por Antonio Alfaro, propuso que el gobierno de Rueda se trasladara, junto con la capital del estado, a San Cristóbal. Don Belisario se opuso a dicha medida, al considerar que era perjudicial para los pueblos de Chiapas —postura, por otro lado, que era clara expresión de sus simpatías partidarias.

El 20 de julio, por renuncia de Atenor Culebra, tomó posesión como jefe político, y como tal tuvo que organizar, en septiembre, la defensa del pueblo ante el embate de los sancristobalenses, que habían conseguido que los chamulas se les unieran. Así, "dos ejércitos, dos perspectivas, dos intereses se articularían en una extraña mezcla de explotadores y explotados, de amos y siervos, los primeros en busca de la recuperación del poder, de reconstituir o configurar su hegemonía política, los segundos en una guerra ajena, recorriendo un nuevo ciclo de lucha liberadora y en busca de cobrar viejos agravios contra caciques ladinos",[18] sin importar que a tales caciques se los pudiera localizar lo mismo en un grupo como en el otro. La defensa del pueblo era contra el levantamiento de los chamulas, los temidos chamulas, capitaneados por ladinos.

Con diferencias en cada estado, esta instancia de la jefatura política, presente en el marco jurídico decimonónico, había sido manejada durante el Porfiriato para restar poder a los municipios, dejándoles más bien facultades de carácter administrativo, para evitar que la oposición política se asentara en los ayuntamientos. En algunos casos eran electos; en otros, designados; casi siempre recayeron las jefaturas en caciques locales,

---

17 BD al Jefe Político, 31 de mayo de 1911. CM.

18 Reséndiz García, *op. cit.*

que ya ejercían cierto control político en sus jurisdicciones. Las jefaturas solían sobreponerse a los municipios y a veces incluir a varios de ellos.

Domínguez, con los hombres que iban a ayudarlo, estuvo listo para repeler el ataque cuando los sublevados se dirigían hacia Comitán. Por otra parte, Límbano Domínguez, su primo, los combatió en la selva.

El 15 de septiembre, el rebelde Juan Espinosa Torres, oriundo de Michoacán, se dirigió a Domínguez para invitarlo a secundar su movimiento para derrocar al gobierno estatal y encumbrar otra vez a Rueda, y trasladar la sede los poderes estatales. Al día siguiente, el doctor no sólo contestó esta invitación rechazándola, sino que solicitó a los presidentes municipales de Tuxtla y Comitán que reprodujeran la respuesta para distribuirla en ambas poblaciones. El doctor argumentaba en su carta que no lo secundaría, porque lo que le proponía era "una traición al Gobierno legalmente constituido [...] que está cumpliendo con su deber". Además, hacía responsable a Espinosa de la sangre que se derramara por este enfrentamiento que encabezaba. Después, para dirimir el añejísimo problema sobre dónde debían residir los poderes estatales —en Tuxtla, según Domínguez, o San Cristóbal, de acuerdo con Espinosa—, le proponía un duelo con pistolas, una descargada al azar, para que el resultado fuera infalible. Espinosa elegiría primero la suya y ambos dispararían en la frente del otro.

Un elemento que llama la atención de la propuesta, además de la propuesta misma, que no tenía otro objeto que evitar que hubiera más muertos, es que la sede sería definida por el que falleciera, si Domínguez caía abatido, la sede sería Tuxtla, de lo contrario, sería la antigua Ciudad Real. También sugería que los ayuntamientos se comprometieran a aceptar este resultado para siempre. Incluso ofrecía ir a San Cristóbal para que ahí se realizara el duelo.

Es muy probable que esta oferta no fuera comprendida por muchos, pero el final del mensaje era por demás elocuente: le permitía desenmascarar los verdaderos propósitos del sublevado, pero ponía en peligro

su vida, se sacrificaba, en caso de ser necesario, para evitar la lucha armada. No podía ser más congruente con los valores que había sostenido
siempre. "Si realmente usted persigue una idea y que para realizarla necesita sangre, de seguro que no tendrá usted inconveniente en aceptar mi
propuesta; de lo contrario los habitantes de esta ciudad, sabrán calificar la
conducta de usted. Espero contestación."[19]

Al día siguiente, Espinosa no contestó, pero sí lanzó una proclama
para informar que "los pueblos libres" se habían levantado en armas para
sacudirse el yugo de la "ominosa tiranía" de Rovelo Argüello, "que ha pre-
tendido reorganizar el sistema de la consigna oficial y apuntalar el edificio
en ruina del caciquismo y del rabasismo, que se tambalea y desploma al
empuje del Sufragio Libre [...]"[20]

Aunque aparentemente Espinosa invocaba el lema maderista, y
utilizaba el recurso simple de identificar a los tuxtlecos con el antiguo régimen, Madero, por su parte, lo reconvenía:

> No tiene ningún motivo que justifique tal atentado, y notifico a usted de
> un modo formal que, si sigue avanzando y ataca Tuxtla, apoyaré decidi-
> damente al gobierno del señor De la Barra para que castigue a Usted y a
> los suyos como se lo merecen y de un modo ejemplar, y cuando yo reciba
> el poder también exigiré a usted y a los suyos la más estrecha responsa-
> bilidad.[21]

Por su parte, Rovelo Argüello autorizó a nuestro personaje a levantar
fuerzas voluntarias para defender al gobierno y para que se les entrega-

---

19 Anónimo... *op. cit.*

20 Citado en González Marín, *op. cit.*

21 Citado en Thomas Benjamin, "Revolución interrumpida —Chiapas y el interinato presidencial— 1911", *Historia mexicana*, XXX:1 (117), julio-septiembre
de 1980.

ran armas, a fin de realizar esa defensa.[22] Le envió también un mensaje en donde le indicaba cuál era la estrategia de los sublevados: atacar primero las plazas débiles para hacerse de los elementos que hicieran posible tomar las fuertes. También ofrecía ayudarlo en cuanto llegaran los refuerzos del ejército; mientras tanto, le pedía enviar hombres a San Bartolomé. Por último, le solicitaba informarle si se contaba o no con el "patriotismo de Comitán".[23] Sobre la lealtad de la población, seguramente un poco más tarde no le quedaría duda al gobernador, pues en ese momento había quedado clara, cuando menos, la posición del jefe político, el doctor Belisario Domínguez.

En realidad las fuerzas federales nunca llegaron, se quedaron en trámite con el "presidente blanco" León de la Barra, quien decía que sí las enviaría, pero no lo hizo,[24] y en el estado tuvieron que hacer lo que pudieron con sus propios recursos. Mil hombres bien armados defendieron el gobierno de Rovelo contra ocho mil indígenas —gente que seguía a Jacinto Pérez, "El Pajarito"— y ochocientos ladinos apenas armados con lanzas. Se ha explicado esta participación de los indígenas por la intervención del obispo, quien los indujo a sublevarse, aunque el prelado siempre negó los cargos.

Don Belisario se organizó con los recursos de su jurisdicción de tal manera que, para octubre, felicitaba al pueblo comiteco por su respuesta, pues, ante el peligro, había dado "una vez más prueba de su sólida unión y proverbial valor: los ciudadanos han acudido en masa a nuestro llamado ofreciendo afrontar el peligro cualquiera que fuere y protestando morir en defensa del orden público y de los sagrados intereses de la comunidad". También hacía saber a los que abandonaron la población "por temor a las

---

22 CM.

23 Telegrama de Manuel Rovelo Argüello a BD. 16 de septiembre de 1911. *Ibid.*

24 Octavio Gordillo y Ortiz, *La revolución en el estado de Chiapas*, México: Instituto Nacional de Estudios Históricos de la Revolución Mexicana, 1986.

hordas Chamulas" que los triunfos alcanzados por las fuerzas del gobierno habían desvanecido cualquier alarma, y que las autoridades velaban de manera constante por el orden y la seguridad pública, por lo que ya podían volver a sus hogares.[25]

La actitud frente a la insurrección y el reto a Espinosa Torres por parte del doctor le valieron variadas felicitaciones, tanto institucionales como personales. Por ejemplo, el Ayuntamiento de Matazintla lo hizo "con entusiasmo caluroso y sincero por su alta heroicidad, filantropía y altruismo", y agregaban sus representantes que "se conquistó con ello un paralelo entre Usted y Régules y una rama del altar cortada con filo de oro para su frente".[26] También el presidente municipal de Tuxtla le hizo presente su gratitud y calificaba de heroico su ofrecimiento en el duelo que equiparaba con "el heroísmo legendario de los Horacios"; aseguraba también que Tuxtla se sentía "orgullosa de llamar hermana a la eximia Comitán que da hijos tan preclaros como usted, en que se suman las virtudes cívicas y caballerescas de nuestros antepasados". El documento reflejaba igualmente la ancestral identificación política de las dos ciudades y su oposición a San Cristóbal, que hacía posible apreciar que ni el tiempo, ni el cambio reiterado de sede de la capital habían sido suficientes para dirimir las diferencias. Tuxtla y Comitán fundidas "en el crisol del honor" y como "paladines de la cultura y centinelas de la paz", a diferencia de San Cristóbal, cuyos hijos "llevan impreso el estigma de la traición, que de abolengo les pertenece, y en sus corazones la ambición más desmedida,

---

25 BD al público. Comitán, 11 de octubre de 1911. CM.

26 Francisco Melgar, presidente, y Pantaleón Ramos, secretario, a BD. Matazintla, 10 de octubre de 1911. CM. No es posible saber a quién se refiere el autor de la carta. Puede ser a Nicolás de Régules (1826-1895), general republicano liberal que combatió en las guerras de Reforma y contra la Intervención Francesa, o bien, Marco Atilio Régulo, militar y cónsul romano en 256 a. C., quien, prisionero de los cartagineses, prefirió morir en el cautiverio antes de aceptar las proposiciones que le hacía Cartago en perjuicio de su patria.

desnuda de todo escrúpulo, pretenden arrojarnos a la barbarie para saciar su sed de venganza".[27]

El propio gobernador, Manuel Rovelo Argüello, le agradeció su espontaneidad al formarse en "las filas de la justicia", y le pidió que felicitara al pueblo de Comitán por su honradez y patriotismo, lo que Domínguez hizo a través de la prensa y el ayuntamiento.[28]

Sobre este conflicto, el centro no compartió criterios: el Senado apoyó a Rovelo, en tanto que León de la Barra y su secretario de Gobernación, Alberto García Granados, deseaban la desaparición de poderes. La oposición en el estado aceptó rápidamente una amnistía general (16 de octubre).

Pese a los problemas de seguridad, al iniciarse el mes de octubre se le informó a Domínguez el nombramiento del nuevo director y administrador del hospital de la ciudad, y, al finalizar el mes, Domínguez entregó la recaudación de impuestos de fomento de instrucción pública correspondiente al último tercio del año.[29] Se hacía todo lo posible por normalizar la vida de la población, no obstante tantas dificultades.

Los problemas en torno a la gubernatura no terminaban. Las presiones habían llevado a Rovelo Argüello a que en el mismo mes de septiembre, de manera simultánea al levantamiento de San Cristóbal, presentara su dimisión, la cual se aceptó, pero, para que tuviera efecto, primero tenía que nombrarse a su sustituto: antes no podría marcharse. También en septiembre se designó a Querido Moheno, pero no llegó a tomar posesión. Incluso se sabe que Eleuterio Aguilar, el presidente del Club Democrático, agrupación en la que militaba el doctor Domínguez,

---

27 J. P. Burguete, presidente municipal a BD. Tuxtla, citado en Anónimo, *op. cit.*

28 Telegrama de Manuel Rovelo Argüello a BD. Tuxtla Gutiérrez, 19 de octubre de 1911, y de BD a Rovelo Argüello, 20 de octubre de 1911. González Marín, *op. cit.*

29 J. H. Orantes al Jefe Político de Comitán. Tuxtla, 4 de octubre de 1911. Recibo de L. P. Gordillo a BD, Jefe Político. Comitán, 30 de octubre de 1911. CM.

lo consultó sobre la viabilidad del nombramiento de Moheno. Desafortunadamente desconocemos la respuesta. Sin encontrar quién podría ser aceptado para el cargo, pues las posiciones eran irreductibles, se celebraron elecciones para renovar el gobierno local de manera constitucional. Rovelo, para dar garantías de imparcialidad —principal objeción en el estado— decidió retirar a todos los jefes políticos; seguramente fue éste el momento en que Domínguez dejó el cargo y volvió a sus actividades profesionales cotidianas. Reynaldo Gordillo León y José Antonio Rivera fueron los candidatos. Ambos grupos se adjudicaron el triunfo, pero el congreso falló en favor del primero, quien asumió la gubernatura el día 13 de diciembre.

Los "coletos" de San Cristóbal no estuvieron tampoco de acuerdo con esta elección; la consideraron una imposición, al ver que era contraria a sus intereses. Madero, ya en la presidencia de la República, asumida el 6 de noviembre, consideró que el estado vivía en un polvorín, y por ello decidió enviar, apenas el 26 de enero de 1912, a Gordillo León a Guatemala, en calidad de representante diplomático, y optó porque en su lugar Flavio Guillén —él sí un hombre de sus confianzas— se hiciera cargo del gobierno.[30]

Un diagnóstico de Guillén sobre la entidad muestra parte de las dificultades que debían enfrentarse al gobernarla: "En Chiapas apenas se entiende qué es Democracia y Libertad, no constituyendo por consecuencia, una necesidad urgente. Pero lo que sí entienden todos, hasta el indio analfabeto, es la falta de justicia y que con ella se ausentan la paz y

---

30 Diana Guillén, *op. cit.*, relata, apoyada en las memorias de Flavio Guillén, la forma en que se llevó a cabo esta sustitución. Según esta versión, la prueba evidente para Madero de que Gordillo no podía ser gobernador, por su torpeza, radicaba en el hecho de que éste designó colector de rentas al hombre que, a manera de castigo, había desorejado a los chamulas cuando fueron vencidos: Horacio Culebro.

cualquier otro bienestar".[31] A pesar de que el lema de gobierno de este hombre fue "Conciliación y concordia entre hermanos", estos ideales no se lograron; las diferencias entre los grupos en pugna no se redujeron y quizá incluso se exacerbaron. Un ejemplo por demás ilustrador, en una sociedad católica y religiosa: el obispo Orozco Jiménez se iba a trasladar a Tuxtla a celebrar la ceremonia en la que el gobernador debía contraer matrimonio; algunos tuxtlecos expresaron su descontento, pues consideraban que el obispo era el responsable del levantamiento de San Cristóbal. No obstante este rechazo, el obispo estaba dispuesto a trasladarse a la capital del estado, pero el gobernador, para evitar una confrontación, decidió casarse en Chiapa de Corzo. La reacción del religioso no pudo ser más radical, declaró en estado de entredicho a la ciudad de Tuxtla Gutiérrez por el término de un año, lo que equivalía a ordenar que las iglesias de esta ciudad permanecieran cerradas durante ese tiempo.[32]

Al caer el gobierno maderista, Gordillo León volvió a hacerse cargo de las riendas del estado de Chiapas.

---

31 Flavio Guillén, *Para mis hijos: recuerdos autobiográficos redactados y coleccionados en Guatemala*, citado en Diana Guillén, *op. cit.*

32 "Entredicho". San Cristóbal de las Casas, 20 de noviembre de 1912, documento reproducido en Diana Guillén, *op. cit.*

Capítulo 5
Belisario Domínguez en el Senado de la República

La XXVI Legislatura

Los acuerdos de Ciudad Juárez, en mayo de 1911, hicieron posible un tránsito de gobierno menos violento y más acorde con la ley, y que Madero llegara al poder por el camino de las elecciones y no por el de las armas. Pero también trajeron como consecuencia que se sacrificaran algunos puntos del Plan de San Luis, quizá uno de los más importantes: la sustitución del aparato gubernamental que había acompañado a Díaz durante muchos años. Así, Madero, que protestó como presidente constitucional en el mes de noviembre de ese año, tuvo que gobernar con los mismos legisladores electos en 1910, que integraban la XXV Legislatura. Por ley, tendrían que celebrarse elecciones en julio de 1912 para renovar en su totalidad la Cámara de Diputados y por mitad la de Senadores, la cual constaba de 56 integrantes, dos por cada estado y el Distrito Federal.

Esta elección, por un lado, abría expectativas, pues podría consolidarse la fuerza revolucionaria y, por otro, resultaba sumamente interesante, ya que por primera vez se basaría en el voto directo, aprobado en mayo del mismo año; podría comprobarse si Madero tenía razón y el pueblo mexicano estaba apto para la democracia o si el saldo era favorable a sus enemigos y sólo había despertado al tigre de la ingobernabilidad.

Para muchos, el gobierno de Madero era una posibilidad de cambio y una garantía de que la situación del país mejoraría. En Chiapas se siguió trabajando en medio de una situación muy polarizada. Quizá ambas consideraciones fueron las que llevaron al doctor Belisario Domínguez a cambiar de opinión y aceptar competir por una suplencia en el Senado que, debemos reconocer, era difícil que le permitiera acceder al cargo como propietario. Entre los clubes políticos organizados en el estado estaban el "Matías Castellanos" en Comitán y el "Liberal" en Tuxtla Gutiérrez, el primero de ellos lo postuló como candidato a diputado federal; Domínguez rechazó de inmediato y enfáticamente su nominación, de la cual se había enterado a través de la publicación de unos carteles. Sorprende desde luego el procedimiento, pues aunque faltaba poco tiempo para que las elecciones se realizaran, lo menos que podía esperarse es que las agrupaciones contaran con la anuencia de los candidatos. Así, amablemente, el doctor asentó: "Con el más profundo agradecimiento por tan digna prueba de confianza, tengo la pena de manifestar a ese sinpático [sic] club que no acepto la referida candidatura, porque consagrado como he vivido hasta ahora al ejercicio de la medicina, el ideal de mi existencia es continuar en esa misma ocupación hasta el fin de mis días".[1]

Pocos días después, la otra organización, el club Liberal, le comunicó a él directamente que, en sesión, se le había designado candidato a senador suplente. La respuesta fue la misma: no aceptar dicha candidatura.[2] No hay indicios que permitan vislumbrar cuáles fueron las razones que lo llevaron a cambiar de opinión, pues, finalmente, no sólo se mantuvo la postulación, sino que resultó vencedora en los comicios. Si bien se ha insistido en que Domínguez había decidido no participar en política, ya

---

1 Su compañero de fórmula era el licenciado Isaac Rojas Dugelay. Comitán, 6 de junio 1912. CM.

2 Telegrama de Lisandro López, vicepresidente del Club a BD. Tuxtla Gutiérrez, 11 de junio de 1912; telegrama de BD a Lisandro López. Comitán, 12 de junio de 1912. CM.

hemos visto que esto no puede sostenerse, ya que durante el año anterior, prácticamente todo 1911, había ocupado dos cargos de gran importancia para la región, y no sólo parecía que había obtenido buenos resultados, sino que alcanzó prestigio político en otros municipios. Una descendiente del doctor asegura que no aceptó ser candidato propietario, pero sí la suplencia. No se han encontrado documentos que avalen esta posición. Alexanderson Joublanc, en cambio, sostiene que el vicepresidente del club Liberal que recibió la negativa del doctor hizo caso omiso de ella, de tal manera que, ante los hechos consumados, a Domínguez no le quedó otra opción que aceptar.

Así, las elecciones se realizaron del 1 al 3 de julio, pero se envió el expediente al Senado hasta octubre, donde se dio de alta el día 29, casi mes y medio después de que se habían iniciado las actividades de la XXVI Legislatura. Compitieron varias fórmulas partidistas, pero se computaban por separado los votos de propietarios y suplentes. En el primer caso se registraron 23 881 votos, de los cuales 16 354 (68%) fueron para Leopoldo Gout, 6 354 para Juan F. Cepeda y 544 para el tercer lugar. Para los suplentes el resultado fue un total de 24 400 votos, de los cuales 15 840 (64.9%) correspondieron al doctor Belisario Domínguez, 5 652 para el licenciado Justo M. Mijangos y 540 para el tercer lugar. Es decir, el triunfo de Leopoldo Gout y Domínguez fue por mayoría absoluta, no obstante que hubo más de dos postulaciones.[3]

Estas jornadas se realizaron en un marco de libertades democráticas, tal como lo había prometido Madero, si bien con muchas deficiencias aún, en lo que a la ley electoral se refería, y una organización incipiente de

3 AHYML. Ramo público, libro 403, expediente 5, foja 43. Según Blanca Domínguez, *op. cit.* Gout era oriundo de Juchitán, de origen francés, y según ella misma, él y Domínguez eran "muy amigos". El expediente electoral registra que era propietario de una fábrica de hilados y tejidos llamada La Providencia, de Cintalapa, que poseía fincas rústicas y urbanas en Tuxtla y Tonalá, y que giraba en comercio e industria alrededor de 800,000 pesos. Sobre Domínguez se indicaba que poseía bienes raíces en Comitán. Nuevamente la mancuerna Tuxtla-Comitán.

las organizaciones partidarias. Como resultado de esta apertura, en ambas cámaras pudo apreciarse una presencia plural quizá más evidente en el caso de los diputados, por su renovación total. Otro elemento que conviene destacar es que esta Legislatura, la XXVI, se esforzó por recuperar, frente al Poder Ejecutivo, sus facultades constitucionales y la dignidad que le había sido arrebatada durante el Porfiriato.[4]

Maderistas, antirreeleccionistas, católicos, "científicos" y porfiristas estuvieron representados en el Senado. Para efecto de este trabajo, no vamos a detenernos en la actividad legislativa, sólo señalaremos que la representación por Chiapas quedó integrada, como senadores propietarios, por José Castellot y Leopoldo Gout.[5]

El gobierno de Francisco I. Madero no pudo sostenerse más allá de quince meses; tuvo que enfrentar muchos levantamientos, además de las fuerzas políticas y sociales que se desataron con el proceso revolucionario: la revolución zapatista, la agraria, que se escindió de la que el presidente había encabezado; la rebelión reyista, que representaba a un sector muy fuerte del antiguo régimen; el desconocimiento de Pascual Orozco, el brazo armado de la Revolución, y el cuartelazo de Félix Díaz, que encabezaba una facción del ejército federal, fueron el preámbulo del golpe militar de febrero de 1913. Éste, encabezado por el general Bernardo Reyes y, a su muerte, cuando intentaban tomar Palacio Nacional, por el general Félix Díaz. Más adelante, conforme se fueron sucediendo los hechos, el encargado de sofocar la rebelión que duró diez aciagos días de violencia en la capital, la Decena Trágica, el divisionario Victoriano Huerta, decidió

---

4 Josefina Mac Gregor, *La XXVI Legislatura, un episodio en la historia legislativa de México*, México: Instituto de Investigaciones Legislativas, Cámara de Diputados LII Legislatura, 1983; Alejandra Ríos Cázares, "El Senado frente al presidente Madero: la XXVI Legislatura", en *El Senado de la República. Revisión histórica,* Premio Rafael Dondé 2000, México: Senado de la República, 2000.

5 El senador proveniente de la anterior legislatura era José Castellot, y Nicanor Gurría Urgell era su suplente.

hacerse con el poder, apresando al presidente, al vicepresidente y al gabinete, para inmediatamente pactar con los rebeldes.

El resultado de este compromiso, que se conoce como Pacto de la Embajada, porque en él intervino de una manera muy activa el embajador de Estados Unidos, Henry Lane Wilson, fue que Huerta asumió la presidencia y Díaz se reservó para lanzar su candidatura en los comicios que se debían celebrar poco tiempo después, una vez restablecida la clama y se lanzara la convocatoria respectiva. Huerta aceptó que su gestión se limitaría a pacificar al país y convocar a elecciones, y que su gabinete estaría integrado por los hombres indicados por Díaz.

Para dar visos de legalidad a esta ocupación, se presionó a Madero para que renunciara. Éste, preso y enterado de la muerte abyecta que se le había dado a su hermano y al intendente de Palacio Nacional, supuso que su renuncia haría posible su libertad y la de su gabinete, por lo que presentó su dimisión, la cual fue aceptada por la Cámara de Diputados en sesión extraordinaria. Por prescripción legal se procedió a tomar la protesta al secretario de Relaciones Exteriores, Pedro Lascuráin, a quien en la línea de sucesión le correspondía ocupar la presidencia: a los 45 minutos, renunció también. Sólo un acto de gobierno puede anotarse en su haber: nombrar secretario de Gobernación a Victoriano Huerta, por lo que, con la renuncia de Lascuráin, éste pudo presentar el juramento de rigor frente a los diputados. De esta manera, Huerta dio visos de legalidad a su gobierno, lo que resultaba muy importante para obtener el reconocimiento de las grandes potencias, si bien era del todo ilegítimo, e hizo coincidir una componenda militar, anterior a las decisiones de la Diputación, con un acto de aparente corte legal, pues la fuerza de las armas estaba detrás de las renuncias y su aceptación por parte de los diputados.

Lejos estaba Huerta de pensar en liberar a Madero: por el contrario, el día 23 de febrero, la ciudad de México se despertó con la noticia de que Madero y Pino Suárez habían muerto; se dijo oficialmente que, al ser trasladados a la penitenciaría de Lecumberri, un grupo de adeptos había tratado de salvarlos y, en la trifulca con los policías, habían fallecido; sin embargo, todos sabían o suponían que en realidad los habían asesinado.

Este crimen, lejos de traer la calma, fue un motivo más para no aceptar el golpe militar que había eliminado al gobierno constitucional. En el norte, Venustiano Carranza, gobernador de Coahuila, avalado por la legislatura local, desconoció al gobierno de Huerta; el gobernador de Sonora, José María Maytorena, siguió sus pasos, y así se dio inicio a la Revolución Constitucionalista, cuyo único propósito fue derrocar a Huerta, a quien se acusó de usurpador.

Huerta tuvo que abrir dos frentes militares para combatir a los revolucionarios: por un lado hacia el norte, contra los constitucionalistas, y por otro hacia el sur, contra los zapatistas, ya que, sin llegar a mediar acuerdo entre ellos, ambos grupos lo combatieron. También tuvo que enfrentar las acciones que en su contra llevó a cabo el nuevo presidente de Estados Unidos, Thomas Woodrow Wilson, quien intervino en los asuntos internos de México en todas las formas que le fue posible, incluida la ocupación militar de Veracruz en abril de 1914, hasta ver a Huerta fuera del gobierno. Sin embargo, antes de ello, logró estar al frente de su gobierno diecisiete meses; parte de ese tiempo, la XXVI Legislatura se mantuvo en funciones hasta que, por lo conflictos suscitados entre los dos poderes, y particularmente por la desaparición de Belisario Domínguez, Huerta recurrió al golpe de Estado.

Domínguez, senador

El 3 de marzo de 1913, poco tiempo después de la Decena Trágica, y la también trágica y cruel muerte de los Madero, Pino Suárez y Adolfo Bassó, Leopoldo Gout, uno de los senadores por Chiapas, falleció por problemas cardiacos. Dos días después, el mismo que se informó en el Pleno sobre el resultado de la comisión que acompañó los restos del senador al panteón y presentó el pésame de la Cámara a la familia, Belisario Domínguez compareció para protestar la fórmula de ley:

> ¿Protestáis sin reserva alguna, guardar y hacer guardar la Constitución Política de los Estados Unidos Mexicanos, con sus adiciones y reformas, las Leyes de Reforma y las demás que de aquélla emanen, y desempeñar leal y patrióticamente el cargo de Senador que el Pueblo os ha conferido, mirando en todo por el bien y prosperidad de la Unión?[6]

Después de protestar, y con la responsabilidad que para un hombre de sus convicciones éticas significaba una protesta como la que hizo, Domínguez inició sus labores como senador. Aunque el deceso de Gout no había sido del todo intempestivo, la inmediata presencia de Domínguez obedeció a que ya se encontraba en México, pues había acompañado a su hijo Ricardo, el único varón, con el fin de ayudarlo a que se instalara en la capital de la República para realizar sus estudios preparatorianos.

Como ya se dijo, para cumplir con los objetivos de esta investigación, no interesa adentrarnos en las tareas realizadas por la Cámara durante este periodo, por demás interesantes, así que las dejaremos de lado; sólo se destacarán las que nos permitan entender las participaciones de don Belisario.

Dentro del programa más amplio que se propuso Victoriano Huerta para consolidar su gobierno, dos tareas fueron inmediatas: la primera, crear una fuerza política a su favor y, la segunda, garantizar su alianza con el ejército federal. Para esto último, y para enfrentar a las fuerzas revolucionarias, emprendió una reestructuración del ejército, que incluyó la creación de dos grados más en la jerarquía militar, y un programa de premios y ascensos que permitía mejorar la posición de los que expresaran o sostuvieran su lealtad, no a las instituciones, sino a la personal del propio

---

6 *Diario de los Debates de la Cámara de Senadores del Congreso de los Estados Unidos Mexicanos,* en adelante DDCS, miércoles 5 de marzo de 1913.

general. Así, muy pronto empezaron a llegar al Senado, provenientes del Poder Ejecutivo, gran cantidad de solicitudes de ratificación de los grados otorgados por Huerta. Los primeros, los ascensos de Félix Díaz y Manuel Mondragón, dos de los instigadores de la sublevación del mes de febrero, y precisamente se planteaba que el ascenso fuera retroactivo al 10 de febrero, un día después de que se iniciara el golpe militar.

El día 21 de abril se dio lectura a los oficios de la Secretaría de Gobernación del día 16. En ellos se justificaba el ascenso de Díaz a general de brigada, señalando que había tomado parte activa "en la defensa de la Ciudadela, contribuyendo para el restablecimiento de la tranquilidad del país". Además, se indicaba que el tiempo que había tomado como licencia absoluta, desde el 17 de agosto de 1912, se agregaría a su favor, pues este alejamiento se había debido a causas políticas. Nada se decía del levantamiento que había encabezado en octubre de ese año ni del juicio que se le siguió, y mucho menos de su estancia en prisión; tampoco que esa separación del ejército había obedecido a su decisión de alzarse en armas. A Mondragón, por su parte, se lo elevaba a la categoría de general de división, "por los importantes servicios que prestó en la preparación y ejecución del movimiento del cual fue el jefe principal y que se verificó para derrocar un régimen que acarreaba la perdición de la Patria; habiendo tenido igualmente el mando de tropas que defendieron la Ciudadela".[7] Como en el caso anterior, por las mismas razones, se le abonaba el tiempo que Mondragón había gozado licencia, desde el 21 de septiembre de 1911. Cabe señalar que, en ese momento del ascenso, Mondragón era el secretario de Guerra.

Al dar trámite a estos documentos, el senador Manuel Gutiérrez Zamora solicitó que se hiciera constar su inconformidad con los conceptos vertidos en el oficio de Gobernación, en el que se calificaba negativamente al gobierno de Madero, "porque si el régimen pasado fue funesto

---

7   DDCS, 21 de abril de 1913.

para la Patria, toca a la Patria juzgarlo y no a los que representaron un papel en los acontecimientos que acaban de pasar". Después aclaró que no se trataba de tomar posiciones al respecto, pero, aseguraba el representante por Campeche, él era liberal en sus convicciones y legalista en sus procedimientos, le repugnaban las revoluciones, léase *sublevaciones armadas*, las encabezara quien las encabezara, pero no estaba conforme con que se le hicieran "cargos a un régimen sin que la historia lo hubiera juzgado". A continuación, tanto Fernando Iglesias Calderón como Belisario Domínguez se adhirieron a la protesta de Gutiérrez Zamora. Al día siguiente, al darse lectura al acta y no constar estos hechos, Iglesias, senador por el Distrito Federal, insistió en que los incluyeran, pero el vicepresidente de la mesa respondió que se había dado otro trámite que no permitía tal inclusión, pero que no era obstáculo para que las aclaraciones aparecieran en el *Diario de los Debates*.[8]

Tres días después, el día 25 —por cierto cumpleaños del doctor—, la sesión pública fue muy breve, para iniciar la secreta de carácter extraordinario. Al parecer, esta sesión era motivada por un asunto relativo a la política exterior de México, pues se presentó ante el pleno el encargado de la misma, Francisco León de la Barra, y tenía que ver con la autorización para que barcos de guerra estadounidenses permanecieran surtos en aguas mexicanas. En esta oportunidad, Domínguez solicitó la palabra para oponerse a tal autorización, porque entendía que, de otorgarse, se daba un voto de confianza al gobierno y, aseguró:

... no merece confianza, ni se le tiene [...] en el interior ni el exterior.

No en el exterior, porque a más de ser este un gobierno de asesinos, que asesinó vilmente a los señores Madero y Pino Suárez, es además un gobierno ilegítimo; pues es bien sabido, que no es cierto que renunciaron el Presidente Madero y el Vice-presidente Pino Suárez. Y suponiendo que hubieran renunciado, todos sabemos que en las condiciones en que

---

8 *Ibid.*, 22 de abril de 1913.

hallaban, prisioneros y amenazados de muerte, tales renuncias no tienen ningún valer.

No en el interior, repito, porque este es un gobierno de asesinos, que asesinó a los señores Madero y Pino Suárez; y porque es un gobierno ilegítimo. Por eso, señores senadores, cunde más y más, cada día, la Revolución.

Porque, ¿qué quieren, señores, nuestros revolucionarios del Norte? Pues una cosa muy sencilla y muy puesta en razón: que renuncien [...] por patriotismo, y que salgan del país, tres personas [sic ...] Y esto es muy puesto en razón; porque no puede haber paz mientras haya un gobierno como este, que asesinó a los señores Madero y Pino Suárez.

La cuestión no se resolverá con autorizaciones como la que se nos pide, señores senadores, sino accediendo a lo que quieren nuestros revolucionarios del norte [... que se vayan] del país cuatro personas: el general Victoriano Huerta, el general Manuel Mondragón, el general Aureliano Blanquet y Félix Díaz.

Señores senadores, yo votaré en contra de la autorización que se nos pide; porque ella es un voto de confianza al gobierno, que asesinó al presidente Madero y al vicepresidente Pino Suárez, porque es un Gobierno que ha restaurado la era nefanda de la defección y el cuartelazo.[9]

Una cosa era que en las calles, en los corrillos y en las tertulias se dudara, y aun abiertamente se rechazara la explicación oficial sobre estas muertes, y otra muy diferente que, en el Pleno de la Cámara Alta, se asegurara que las muertes de Madero y Pino Suárez habían sido asesinatos perpetrados por el presidente en el poder y por los hombres que encabezaron el golpe militar.

---

9 Por tratarse de una sesión secreta, no se registraron los debates en el DDCS; sin embargo, tampoco existe el acta respectiva, una parte de este discurso está reproducido en Olea, *op. cit.* Varias fuentes insisten en que el discurso aparece en *Mis memorias* de Fernando Iglesias Calderón, sólo que no existe algo semejante, sino más bien artículos periodísticos en los que este hombre dio cuenta de su vida política, y que fueron publicados en *El Dictamen* de Veracruz.

Fernando Iglesias Calderón, su compañero en el Senado, resaltó que, desde su llegada, Domínguez se afilió al pequeño grupo de senadores "que jamás dobló la cerviz ante Huerta", si bien ninguno de ellos habló tan fuerte y claro como don Belisario, y consideró este discurso el primero, vale la pena insistir en ese punto de suma importancia para el desenlace de los sucesos, y comentó: "¡Cosa extraña, mientras que los discursos que no llegaron a oírse en el Senado son conocidísimos, el que sí fue escuchado ahí y, por cierto, con grande expectación [*sic*]es completamente desconocido, y habríase perdido para siempre, aunque persista su recuerdo más o menos confuso en los demás senadores que lo escucharon, si yo no hubiese cuidado de conservarlo en 'Mis Memorias.'"[10]

Este discurso se pronunció muy cerca del informe de Huerta del mes de abril;[11] seguramente, este nuevo senador, que se atrevía a tanto, llamó la atención de todos. Se asegura que León de la Barra no respondió ni hizo comentarios a las aseveraciones de Domínguez.

Muy pronto llegó el momento de discutir los ascensos militares, durante el mes de mayo, y el senador chiapaneco tuvo oportunidad de reiterar y ampliar sus puntos de vista.

Al leerse el dictamen que aprobaba la promoción de Félix Díaz, Domínguez de inmediato solicitó la palabra y fue directo en sus señalamientos. Sostuvo el criterio de que, para ratificar los ascensos promovidos por el Ejecutivo, era necesario que las personas favorecidas con ellos fueran dignas de recibirlos, e hizo ver que el argumento esgrimido para ratificar el ascenso de Díaz hacía hincapié en los servicios prestados por el

---

10 Archivo General de la Nación, Fondo Iglesias Calderón, Caja 14, Exp. 3, fs. 99-103. "La catilinaria del Senador Domínguez y el estupor del ministro De la Barra."

11 En esa época había dos periodos ordinarios de sesiones, el primero, prorrogable hasta por treinta días útiles, del 16 de septiembre al 15 de diciembre, y el segundo, prorrogable hasta por quince días útiles, del 1 de abril al 31 de mayo; cada uno se abría con un informe presidencial.

militar para derrocar al régimen pasado, argumento a todas luces endeble, que le permitía opinar: "... a mí me parece que esos servicios no solamente no constituyen actos de valor, sino que tampoco han traído ninguna utilidad para la Patria y, en consecuencia, no son de los que pueden ameritar un ascenso". Después de descalificar la actitud de Díaz durante el sitio a Veracruz en 1911, pasó a analizar su papel en el último cuartelazo:

> Se dejó sacar por sus amigos de la fortaleza en que se hallaba prisionero y próximo a ser sentenciado a muerte y se encaminó a la Ciudadela. ¿Cuáles fueron los actos de valor que se efectuaron durante los días que permaneció allí? Desgraciadamente todos sabéis que lo único que hizo fue bombardear a la población; acabar con la existencia de muchos desgraciados, cuyas esposas y cuyos hijos lloran todavía la pérdida de esos seres queridos.
>
> Esos son, en resumen, los actos heroicos llevados a cabo por el señor General Díaz; ninguno de ellos creo que haya sido de utilidad para la Patria, ni de verdadero valor.[12]

No sólo el senador Domínguez tomó la palabra en esta ocasión para oponerse a esta medida: también Iglesias Calderón lo hizo, después de una desafortunada intervención de un integrante de la comisión que defendió el dictamen, asegurando que ésta había argumentado a favor del ascenso basándose en la Ordenanza militar. Iglesias pudo hacer ver que a la comisión se le había pasado tomar en consideración algunos artículos del mismo cuerpo legal. Así, sin insistir en "los grandes intereses de la Nación", como lo había hecho su colega, él optó por hacer notar que se trataba de un ascenso sin justificación, pues no se sabía qué vacante venía a llenar, porque "no es el capricho del Presidente de la República el que puede conceder un ascenso en nuestro Ejército nacional". Por su parte, Iglesias Calderón, abogado e hijo de José María Iglesias, mucho más avezado que Domínguez en el combate parlamentario, se propuso hacer evidente que la comi-

---

12 DDCS, 8 de mayo de 1913.

sión no tenía información suficiente sobre el contingente militar en la cual pudiera fundar su postura.

No obstante que sus señalamientos eran relevantes, los opositores no lograron su cometido: incluso en votación económica se aprobó el ascenso. En los casos siguientes, se solicitarían votos nominales.

Esta participación, mucho más conocida a través de la prensa, pudo ser comentada. Así, el senador Domínguez recibió una carta de Alberto U. P. Tagle, un hombre al que no conocía, en la que lo felicitaba. En dicha misiva le hacía ver que su actitud era:

> ... tan noble, tan justificada, tan majestuosa, tan viril que a todo hombre liberal debe causar satisfacción y orgullo porque claramente ha venido a revelarnos que, en el seno de la Representación Nacional hay todavía hombres de valor civil para encararse a la dictadura y a la tartufería, dar a cada uno lo que le corresponde y procurar que haya justicia... ojalá y todos sepan como U. decir la verdad, sin ambajes [*sic*] ni temores, prefiriendo exponerse a las iras de un tirano antes que servir de vil instrumento a la mentira y a la aberración.[13]

El nombramiento de un nuevo gobernador provisional en Morelos, que, por decisión de Huerta y su confianza en él, recaía en el general Juvencio Robles, dio motivos para nuevamente escuchar en el pleno a Domínguez. Éste hizo ver que, si el Ejecutivo tenía como objetivo restablecer la paz y reconstruir la nación, lo cual constituía un anhelo nacional, esta tarea debía realizarse sobre bases firmes, y que estas bases sólo podían ser la justicia, la fraternidad y la ley. Y atacaba de lleno la designación:

> ¡Nombrar Gobernador del Estado de Morelos al hombre que acaba de realizar la violación de la soberanía del Estado, es cometer el mayor de los absurdos!

---

13 Alberto U. P. Tagle a BD, 11 de mayo de 1913. CM.

Se acaban de enviar, presos, a esta Capital, sin ningún fundamento legal, a los ciudadanos que representan los Poderes Ejecutivo y Legislativo del Estado de Morelos, ¡y al mismo funcionario que acaba de cometer tal atropello, se le van a confiar ahora los destinos de dicho Estado, es decir, se le va a nombrar Gobernador! ¿Qué diría la República entera de la determinación del Senado, si es que llegara a dar su voto a favor de semejante absurdo? Diría que el Senado es cómplice de los abusos que se están cometiendo en Morelos; el Senado perdería la reputación de honradez de que ha gozado durante toda su existencia, y eso no lo debemos permitir, señores Senadores; suceda lo que sucediere, el Senado debe quedar incorruptible, no debe dejarse intimidar por el estado de cosas que se presenta actualmente; sólo volviéndonos a encarrilar en el camino que nos marca la ley, la Constitución, es como podemos llegar a salvar a nuestra Patria. En ese sentido, señores Senadores, es como debemos dar nuestro voto.

El recurrente discurso de Domínguez sobre el deber se ve enriquecido ahora con la apelación a la ley. Incluso, en esta participación marcó una distancia explícita en relación con los revolucionarios, cuando hacía ver que el gobierno se ponía "en las mismas condiciones en que se encuentran los revolucionarios, cometiendo iguales atropellos", lo cual sólo podía llevar al país a la anarquía.

También en esta ocasión, hombres como Iglesias Calderón y Diego Fernández se opusieron a la ratificación,[14] pero otros, como Emilio Rabasa y Vicente Sánchez Gavito, lo defendieron. El resultado final fue que se aceptó, por 26 votos contra 13, que el general Robles, un hombre rudo, que ya había fustigado a los zapatistas en Morelos con mano bastante dura durante el primer semestre de 1912 y que además había irrumpido contra

---

14 Alexanderson, *op. cit.*, sostiene que el grupo opositor de la Cámara de Senadores estaba integrado por Belisario Domínguez, Iglesias Calderón, Manuel Gutiérrez Zamora, senador por Campeche, José Diego Fernández, senador por Sinaloa; Manuel Bonilla, representante de Morelos; Rómulo Becerra Fabre, senador por Tabasco; Francisco Bracho, de Hidalgo, y Salvador Gómez, representante de Jalisco.

los poderes constitucionales del estado, tomara las riendas de la entidad.[15] A este paso, era de suponer que cualesquiera de las participaciones que pudieran expresar criterios de oposición dentro de la Cámara de Senadores no serían escuchadas, y menos apoyadas, pues constituían una minoría, y las posiciones políticas quedaban claras: o se estaba con el gobierno o en contra, no había espacio para las medias tintas ni para la discusión y el convencimiento.

El 23 de mayo se abordó el ascenso de Mondragón. Los argumentos en contra estuvieron en boca de Gutiérrez Zamora; nada se logró: con 13 votos contra 28, se premió al hombre que había cometido un gravísimo delito contra el gobierno constitucional de Madero.[16]

El día 27 de mayo, la promoción de Blanquet llevó nuevamente a Domínguez a la tribuna. No logró nada, pero incidió en los hechos que ya habían ocupado su atención: al reiterarlos, adquirían resonancia. De esta manera hizo ver que las ratificaciones de ascensos debían acompañarse por las hojas de servicio de los militares, que incluyeran tanto los hechos meritorios como los que eran contrarios a su buen nombre, para que los senadores pudieran emitir su juicio, y puntualizaba que en el caso de Blanquet no se había mencionado el papel que el general había tenido en el movimiento que había derrocado al gobierno anterior. Domínguez consideraba que el buen nombre y prestigio del Senado exigían que no se ratificara dicho ascenso precisamente por ese papel tan poco decoroso desempeñado por el militar. "El Ejército necesita en todos [los] casos y especialmente en la actualidad, ejemplos constantes de lealtad, de abnegación y de valor, y desgraciadamente el señor General Blanquet faltó a esas virtudes en los últimos días del Gobierno del Sr. Madero."

A diferencia de las de otros colegas, las críticas de Domínguez se fincaban en valores; valores de índole moral y de carácter absoluto que no admitían la relatividad y en los que no cabían los matices. Precisamente el

---

15 DDCS, 14 de mayo de 1913.
16 DDCS, 23 de mayo de 1913.

senador cifraba el prestigio del cuerpo legislativo en su respeto a dichos valores.

El periodo de sesiones ordinario concluyó con el mes de mayo, y don Belisario Domínguez pudo visitar su tierra natal y a su familia. Al parecer llegó a Comitán el 23 de junio. Se ha insistido mucho que el doctor sabía que corría peligro, puesto que se ocupó de ordenar algunos asuntos y repartir sus bienes. Al respecto, es posible destacar, por un lado, que don Belisario murió intestado y, por otro, que fue precisamente durante ese periodo de receso cuando algunos otros legisladores desaparecieron: Serapio Rendón, Edmundo Pastelín, Adolfo C. Gurrión y Néstor Monroy, todos diputados, y que fue hasta el momento en que el Poder Legislativo regresó a sus actividades, en el mes de septiembre, cuando pudo notarse su ausencia. Pero aun entonces era difícil estar seguro de los motivos de las desapariciones, así fuera sospechoso el gobierno de atreverse a asesinar a los legisladores que se le oponían, pues no era extraño que tuviera que llamarse a los suplentes de los legisladores, porque los propietarios se ausentaban para unirse a los rebeldes en el norte; tal fue el caso de Luis Cabrera e Isidro Fabela, entre otros.

La reanudación de labores en el Senado ocurrió el 6 de septiembre, pues debían tener lugar las juntas preparatorias previas a la apertura del Congreso. Sin embargo, el doctor Domínguez no se presentó a ella. Por falta de quórum, no pudo celebrarse la del día 13, así que se realizó la última hasta el día 15.

Regresar a actividades el día 16 de septiembre por la tarde y escuchar el informe de Victoriano Huerta ante el Congreso de la Unión, llevó al senador Domínguez a su límite. En ese momento decidió elaborar un discurso que se planteó leer ante el Pleno, para comentar el documento. Debe precisarse que, después de la respuesta que un diputado daba al informe, no estaba previsto que algún legislador hiciera comentarios de manera específica. A nadie se le ocurría algo semejante. Sí había alusiones al documento cuando un legislador lo consideraba pertinente al tomar la palabra para abordar un asunto a discusión, pero no estaba previsto en el reglamento que un senador pudiera pedir la palabra cuando él se lo propusiera para comentar el informe presidencial. Por ello, no resulta extraño que el día 23, el presidente en turno de la Cámara encontrara argumentos para rechazar la posibilidad de que Domínguez tomara la palabra: podía hacerlo sólo por el hecho de que el tema no se apegaba a los asuntos por discutir, así que, si, además, el presidente se percató de que se trataba de una crítica, y tan feroz como lo era, resultaba inevitable que se le negara la palabra al senador chiapaneco.

Sin embargo, ya lo hemos visto, el rechazo o perder las votaciones no era suficiente para que el doctor desistiera de su empeño. Por un lado, se abocó a buscar quién publicara su discurso y, por otro, mecanografió el texto con copias para poderlo repartir entre sus compañeros legisladores y en la calle, y así pudiera conocerse. También se preocupó por escribir un segundo discurso.

Es difícil desenmarañar las historias y relatos que se han tejido sobre estos dos discursos, pues, desgraciadamente, no existe al respecto ningún registro en el *Diario de los Debates* o en los libros de Actas del Senado, ni siquiera del hecho de que Domínguez pidiera la palabra. Se tomó la decisión de no hacer caso del asunto y no dejar ningún rastro, siguiendo los trámites normales de los otros puntos por tratar. Sobre el segundo discurso, incluso, se ha dado por sentado que sí fue leído, y que esta lectura se realizó el 29 de septiembre, con motivo de la discusión del dictamen de una solicitud de licencia del senador Sánchez Gavito para impartir una clase. Sin embargo, al revisar minuciosamente la documentación del Senado, esta afirmación no se sostiene. Por ello, antes de analizar los textos de don Belisario, es preciso aclarar los hechos, hasta donde esto es posible, con la documentación existente.

El 19 de septiembre de 1921, en la XXVIII Legislatura, al presentarse una iniciativa que proponía que, el día 7 de octubre de ese año, los alumnos de educación primaria del Distrito Federal y territorios asistieran a la escuela a escuchar los discursos de don Belisario y los maestros a explicar los "conceptos cívicos de dichos discursos", solicitó la palabra el senador Iglesias Calderón para hacer una aclaración. El senador hizo saber que él había formado parte del pequeño grupo de oposición al que también perteneció don Belisario, quien había arriesgado de la "manera más consciente su vida", pues creía que así contribuía a restaurar las libertades perdidas. Iglesias había pedido la palabra para aclarar que "los discursos no fueron pronunciados" en la Cámara.

> El primero, porque habiéndolo dado a la Secretaría para que lo leyera, en vez de leerlo él personalmente, el Senador que entonces ocupaba el sitial de la Presidencia [Mauro S. Herrera], resolvió, que siendo una acusación la que entrañaba el discurso del Senador Domínguez, y no concluyendo con una proposición concreta, no se podía darle lectura. Entiendo que ese discurso no se conserva en el Archivo de la Secretaría.
>
> Aquella tarde, por haber estado yo enfermo, no concurrí a la sesión del Senado;[17] pero, al día siguiente, pedí al señor Senador Domínguez una copia de su discurso, el cual tuvo la bondad de entregármelo, firmándolo. Ese discurso, o sea copia, más bien dicho, y que es el documento que entregó a la Secretaría, tiene este preámbulo: "Señor Presidente del Senado: por tratarse de un asunto urgentísimo para la salud de la Patria, me veo obligado a prescindir de las fórmulas acostumbradas y suplicar a usted se sirva dar principio a esta sesión tomando conocimiento de este pliego y dándolo a conocer en seguida a los señores Senadores. Insisto señor Presidente, en que este asunto debe ser conocido por el Senado en este mismo momento, porque dentro de pocas horas lo conocerá el público y urge que el Senado lo conozca antes que nadie."
>
> [...]

---

17 En esos años, las sesiones se celebraban de lunes a sábado, por las tardes, todos los días, excepto el sábado, que eran en la mañana. Efectivamente, Iglesias Calderón faltó a las sesiones de los días 22 y 23 de septiembre, lunes y martes, y acudió normalmente el resto de la semana. Libros de Actas Documento. Septiembre de 1913. AHYML.

[El documento] tuvo [publicidad] grandísima porque se repartió por toda la ciudad, en hojas que terminaban con una nota que consta también en este documento en la cual se suplica a todas las personas que la lean que hagan cinco copias y las repartan con esa misma indicación. De esta manera, resultó que hasta en los puestos del mercado de Puebla, según supe en aquellos días, circulaba este discurso; y el señor Senador Domínguez se expuso mucho más publicándolo de esta manera, que publicándolo aquí, puesto que los Senadores y Diputados no son responsables por las palabras que viertan en esta tribuna, aunque como vosotros sabéis perfectamente, en la época de las "desapariciones" todo lo que se refería al fuero senatorial era totalmente inútil ...

[...]

Varios de sus amigos le dijimos aquí mismo, que si se quedaba en México era segura su muerte, que debía salir de la ciudad, aun cuando en los caminos corría también muchísimos peligros, pero que habría siquiera una probabilidad entre cien de que salvara su vida. Y el Senador Domínguez contestó: *"Si se ha de morir uno de tifo o de pulmonía, yo prefiero morir asesinado por Huerta, porque creo que de esta manera contribuyo a restablecer las libertades mi Patria".*[18]

En esa misma oportunidad, Iglesias Calderón anunció que se desprendería de su documento y que lo entregaría a la Secretaría, para que existiera una constancia del texto de don Belisario en el Senado.

Esta aclaración hizo evidente que fueron dos los discursos que elaboró don Belisario, que ninguno de los dos fue pronunciado, y que Iglesias Calderón tenía copia sólo de uno de ellos: del primero. También que se distribuyó particularmente entre el público más que entre los senadores. Además, sabemos que al final de la nota, se concluía: "¡Ojalá hubiera un impresor honrado y sin miedo!". Para el día 29, el discurso había sido impreso por una mujer: María Hernández Zarco, la bisnieta de Francisco Zarco, el destacado e importante periodista liberal, diputado al Congreso Constituyente de 1856-1857 y su cronista.

---

18 DDCS, 19 de septiembre de 1921. Las cursivas son mías.

Respecto del segundo discurso, consideramos que nunca se pronunció, no sólo por el testimonio de Iglesias Calderón, sino por las certezas que ofrece la documentación del Senado. Algunas precisiones son necesarias. El senador Sánchez Gavito no presentó una licencia para dar clases, sino una consulta sobre la compatibilidad de las tareas de senador con la impartición de una clase de medicina, ya que se trataba de una designación del Poder Ejecutivo. El dictamen nunca llegó a discutirse en el pleno en esta Legislatura, sólo se le dio primera y segunda lecturas los días 2 y 6 de octubre.[19] Por otra parte, en la Casa Museo Dr. Belisario Domínguez se localizó una copia del manuscrito del segundo discurso; sin embargo, se encontraron dos introducciones, una relacionada con esta consulta de Sánchez Gavito y otra en la que se hace referencia a una solicitud de licencia del senador Emilio Rabasa. El 20 de septiembre, este chiapaneco y destacado jurisconsulto presentó una solicitud de licencia para retirarse de sus funciones como senador y ocupar el cargo de rector de la Universidad Nacional, misma que, como correspondía, se turnó a comisión. Sobre este memorial no hubo dictamen alguno, sino que en diciembre, durante la XXVI Legislatura bis, aquella que convocó Huerta después de dar el golpe de Estado, a solicitud del mismo senador Rabasa se presentó un acuerdo para archivar el expediente, es decir, finalmente, su nombramiento como cabeza de la Universidad no llegó a emitirse.[20]

¿Qué podemos concluir de lo anterior? Simple y llanamente que el senador Domínguez se percató de que nunca se leería un texto suyo o se le permitiría leerlo si no tenía como pretexto la discusión de un dictamen. Así, cuando entró el documento de Rabasa al Senado, decidió escribir su discurso para aprovechar la ocasión, pensando que la decisión sería inminente. No ocurrió así, y entonces preparó otra introducción para su

19 Libro de Actas de las sesiones de la Cámara de Senadores, 2 de octubre de 1913, 6 de octubre de 1913. Esta información se confirma con el DDCS, de las mismas fechas, respectivamente.

20 Libro de Actas [...], 20 de septiembre de 1913; 2 de diciembre de 1913.

mismo discurso. El 6 de octubre, al dar segunda lectura al dictamen relacionado con la consulta de Sánchez Gavito, se tomó la decisión de discutirlo en el "primer día útil", y ya no hubo día útil para Domínguez: no pudo leer su segundo texto. El día 7 estaba programada la discusión de ascensos del ejército y por la noche, cerca de la medianoche, los agentes lo aprehendieron.

¿Qué decían los discursos del senador Belisario Domínguez, que hicieron posible que se destacara entre sus colegas opositores? ¿Qué los hacía peculiares? ¿Huerta estaba dispuesto a eliminar a todos los que se opusieran a su gobierno y Domínguez era sólo uno más? O ¿había algo en Domínguez que lo hacía temible de manera particular?

En el primer texto, más bien breve, apenas cinco cuartillas, el senador Domínguez partió de la consideración de que todos los legisladores del Congreso, pues su mensaje no se limitaba a los compañeros de Cámara, habían leído "con profundo interés" el informe de Victoriano Huerta, para asentar, así, sin preámbulos de ninguna especie, que seguramente a todos, como a él, les había indignado "el cúmulo de falsedades" del documento. En su opinión, el informe no tenía como finalidad engañar al Congreso de la Unión integrado por "hombres ilustrados que se ocupan de política", sino mentir a la Nación, quien había puesto en manos de aquél sus intereses, suponiendo que lo integraban hombres honrados y valientes. De allí que según Domínguez la responsabilidad de los legisladores fuera corresponder a dicha confianza diciendo la verdad y actuando para eludir el futuro negro que se abría para el país.

Domínguez aseguraba que Huerta no había hecho nada para pacificar al país, y que, por el contrario, la revolución se había extendido por casi todo el territorio, dando como resultado una situación peor que la que se vivía con anterioridad. Sumaba el hecho de que algunas potencias, antes amigas de México, no otorgaban el reconocimiento por tratarse de "un gobierno ilegal", clara alusión al estado que guardaban las relaciones con el gobierno de Estados Unidos. También se refirió al mal estado de la economía, al control de la prensa y a las violaciones a la soberanía estatal. La descripción del país servía para culpar directamente a Huerta de tal estado de las cosas.

Asimismo, con valentía y como otras veces lo había hecho, lo llamó traidor y lo hizo responsable de asesinar "cobardemente" a Madero y Pino Suárez, cuando había jurado "lealtad y fidelidad inquebrantables" al presidente. Interpretaba que, precisamente por el modo de querer imponer la paz a través de la "muerte y exterminio" de todos aquellos que no simpatizaban con él, era como se había llegado a esa situación. Esta referencia a los procedimientos empleados por Huerta le permitía analizar aquella expresión inicial del gobierno huertista de su primer informe de gobierno, cuando había ofrecido alcanzar la paz, costara lo que costara, para sostener que, en su "criterio feroz y egoísta", sólo podía significar que Huerta estaba dispuesto a "derramar toda la sangre mexicana, a cubrir de cadáveres todo el territorio nacional", tan sólo para no abandonar la silla presidencial.

Para Domínguez, esta ambición de poder estaba llevando a Huerta a provocar un conflicto con el pueblo de Estados Unidos, que podía desembocar en una guerra. Era tal el desprecio que el senador sentía por el presidente usurpador, que era incapaz de analizar la actuación del gobierno de aquel país con respecto a México, la cual obedecía a sus propios intereses y no a los del nuestro. Esta posición fue modificada en el siguiente escrito.

El doctor Domínguez continuaba su descripción acusando a Huerta de socavar la soberanía de los estados, al imponer gobernadores militares en el lugar de los constitucionales, lo cuales se encargarían de engañar al pueblo y realizar una farsa electoral, prevista para el 26 de octubre, con el objeto de conseguir que Huerta se mantuviera en la presidencia.

No obstante los tintes tan desfavorables con los que describía la situación, don Belisario veía una posibilidad para salir de ella: que el Congreso cumpliera con su deber y depusiera a Huerta, para que la Patria se salvara y pudiera florecer "más grande, más unida y más hermosa que nunca".

La razón que ofrecía para tal acción por parte del Poder Legislativo era bastante simple: porque los mexicanos que habían tomado las armas protestaban precisamente contra Huerta, y por tal motivo era el más incapaz de llevar a cabo la pacificación que "todos los mexicanos" deseaban. La conclusión era sencilla: si se quería la paz, había que quitar a Huerta de en medio.

Domínguez hacía ver a sus compañeros legisladores que, aun sabiendo que la tarea era en extremo peligrosa, porque Huerta era un "soldado sanguinario y feroz", debían llevarla a cabo:

> La patria os exige que cumpláis con vuestro deber aun con el peligro, y aun con la seguridad de perder la existencia. Si en vuestra ansiedad de volver a ver reinar la paz en la República os habéis equivocado, habéis creído las palabras falaces de un hombre que os ofreció pacificar la nación en dos meses, le habéis nombrado Presidente de la República, hoy que veis claramente que este hombre es un impostor, inepto y malvado, que lleva [a] la patria con toda velocidad hacia la ruina ¿dejaréis, por temor a la muerte, que continúe en el poder?...
>
> Vuestro deber es imprescindible, señores, y la patria espera de vosotros que sabréis cumplirlo.[21]

Lo que seguiría de este golpe reivindicador, tanto porque quitaría a un gobernante ilegítimo como porque el Congreso adquiriría autoridad moral, sería solicitar el cese de hostilidades y llamar a los revolucionarios a elegir un nuevo mandatario que convocara a elecciones, y efectuarlas "con toda legalidad".

Finalizaba el discurso con un último llamado a los legisladores: "La patria espera que la honraréis ante el mundo evitándole la vergüenza de tener por Primer Mandatario a un traidor y asesino".

---

21 Discurso de BD. Copia original en el Senado de la República. [23 de] septiembre de 1913.

La significación del discurso no estaba en atreverse a criticar a Huerta, que ya era una demostración de valentía y pundonor, sino en el papel que asignaba al Congreso para resolver los problemas nacionales, haciendo hincapié en el deber de este cuerpo como representación ciudadana. También queremos poner de relieve la insistencia del doctor Domínguez, como lo hemos venido haciendo a lo largo de estas páginas, en los valores morales como norma de conducta. Huerta es censurable por la ausencia de valores fundamentales, como la lealtad, la fidelidad y el respeto a la vida humana. El Congreso, a su vez, sería censurable, no por aceptar a alguien tan infame, sino por no rectificar al darse cuenta de su error. La mirada racional de don Belisario también está presente: los hombres pueden equivocarse, pero no persistir en su error. En el discurso no hay razonamientos políticos ni se defiende a ningún partido, así se justifique de algún modo a los revolucionarios, pues finalmente el autor expresaba su contrariedad ante los métodos violentos de cualesquiera de las partes. Como lo había hecho siempre, tampoco eludía el compromiso, ahora no de manera individual, sino como parte de una institución que debía responder al compromiso contraído: velar por los intereses de los mexicanos.

En el segundo texto de don Belisario que, como ya se dijo, tampoco se pronunció y que tiene dos introducciones diferentes, a efecto de pedir la palabra en relación con alguno de los dos asuntos que se abordaran en el pleno, el senador reiteraba sus ideas y combatía las acciones de Huerta. Por principio de cuentas, cuestionaba que tuviera los conocimientos políticos y sociales suficientes para gobernar a México y señalaba que quería dar fortaleza a su gobierno a través de actos de terror reprobados por "la civilización y la moral universal". El doctor se explicaba estas prácticas, por un lado, porque Huerta era un soldado y no veía otras salidas más que las de la fuerza, las de las armas, y por otro, porque se trataba de un "desequilibrado", cuyo espíritu estaba "desorientado".

Domínguez aseguraba en su escrito que Huerta se perturbaba por los espectros de Madero y Pino Suárez y, como hombre obsesivo que era, para acabar con sus pesadillas, quizá producto de sus remordimientos, acudía a "sus instintos más crueles, más feroces y entonces dice a los suyos: maten, asesinen, que sólo matando a mis enemigos se restablecerá la paz". Por ello, sus hombres llevaban a cabo acciones como las de Morelos, en las que, a la par que se realizaba la concentración de pueblos para aislar al zapatismo, se incendiaba y se mataba sin distinción. Ante semejante arbitrariedad, y la necesidad de abandonar sus hogares, sólo había una disyuntiva, que de cualquier modo los llevaba a perder sus escasas posesiones, pues se trataba de pueblos campesinos: la gente se unía a las filas de Zapata o se trasladaba a otra población, donde las puertas, por desconfianza, se le cerraban.

Don Belisario, además, se burlaba de los afanes guerreros del general, de sus deseos por levantar un gran ejército y porque había gente que se contagiaba de su locura. Insistió en los problemas que se estaban generando con Estados Unidos, pero en esta ocasión sí apreció que éstos podían desencadenar una intervención, lo que conduciría a los mexicanos, sin excepción, a tomar las armas, porque: "¡Cobarde y miserable el mexicano que no vaya a combatir a los Americanos el día que profanen nuestro suelo! [...] no con la esperanza de obtener el triunfo porque la lucha es muy desigual, sino solamente para salvar lo que deben tener en más valía que la existencia los hombres y las naciones: el honor". Nuevamente, las obligaciones y los deberes por encima de la supervivencia.

Pero si Huerta era un desequilibrado, los legisladores eran cuerdos: por ello les correspondía, de acuerdo con el senador, encontrar la solución; y Domínguez tenía una solución que, por cierto, recuerda aquel duelo que propuso en Chiapas al rebelde Espinosa para evitar el derramamiento de sangre. Pedía permiso para ir personalmente a pedir a Victoriano Huerta su renuncia a través de un documento firmado por todos los senadores que, por si éste no fuera suficiente, se acompañara de las copias de sus dos discursos. Planteaba tres posibilidades de reacción de Huerta ante este hecho insólito. En la primera, suponía que a la mitad de la lectura, el general se enfurecería tanto que lo mataría; después del asesinato, seguiría leyendo y al terminar, "horrorizado de su crimen", se mataría también. En la segunda, vislumbraba la posibilidad de que el general se controlara, acabara de leer, se burlara de semejante pretensión, pero, ya fuera que lo matara o no, la Representación Nacional sabría lo que debería hacer. La última, era el mejor escenario posible, que en un "momento de lucidez", el militar firmara su renuncia. Si esto ocurría, Domínguez aseguraba, él podría decirle: "¡Bienaventurado el pecador que se arrepiente! Este acto rehabilita a U. de sus faltas", para pedir después al pueblo mexicano que olvidara los errores de Huerta.

Así, México podría alcanzar la paz, y con ella vendrían el orden y el progreso. Esta aspiración, que surgía de su formación netamente positivista, no podía menos que descartar los métodos violentos para avanzar y, en cambio, ponía énfasis en los pacíficos para lograr el ansiado progreso.

Ya advertido por los argumentos que privaban para detener su anterior discurso, en este texto salía al paso de ellos haciendo ver que los senadores no podían negar su atención a este asunto, aduciendo que no era el que se estaba discutiendo, ya que la salvación de la Patria debía ser la preocupación fundamental de todo legislador, su única idea fija, de tal manera que debía aprovechar cualquier ocasión que se presentara para cumplir con ese objetivo.

Domínguez concluía el texto solicitando al pleno que se declarara en sesión permanente para poner en sus manos el pliego que debía llevar a Huerta, y exigiendo virilidad y prontitud a los senadores. Sin embargo, también anotaba en el escrito, que, como llevaría los dos discursos, para que todos los conocieran, le daría lectura al primero.

Para cerrar, hacía ver que había habido quien aceptara imprimir ese primer documento, y que "para honra y gloria de la mujer mexicana", lo había hecho una joven. El documento queda inconcluso, dando a entender que también leería la nota que había inscrito en su texto.

Como puede apreciarse, en unos cuantos días, don Belisario Domínguez pasó de la crítica más severa a Victoriano Huerta y los militares más cercanos a él, y un llamado a los legisladores del Congreso de la Unión, evidentemente no atendido, a un diagnóstico que casi podríamos considerar médico, para asumir su propio compromiso y proponer su propia inmolación. Con ello hacía evidente que sabía el peligro que corría, pero al mismo tiempo destacaba implícitamente que, de esa manera, con su sacrificio, desenmascaraba el carácter represivo del régimen y que, por ende, las cosas ya no podrían ser iguales y el Congreso tendría que actuar.

Y efectivamente, las cosas ya no fueron iguales...

Capítulo 6
El desenlace

Desaparición

Se asegura con insistencia que el senador Belisario Domínguez era vigilado por la policía, lo más usual en un régimen represor como el de Victoriano Huerta. Muy probablemente no se le perdió pisada desde que tomó por primera vez la palabra en la tribuna. Antes no se sabía cuál era su postura; como ya se ha visto, los problemas locales, los de Chiapas, eran los preponderantes para él; pero su ingreso al Senado marcó una diferencia radical: ahora su mirada estaba puesta en el interés nacional.

La forma de su arresto evidencia que quienes lo aprehendieron conocían sus hábitos. Tras las sesiones de la Cámara, y después de cenar, se recluía en su habitación del Hotel Jardín, que se encontraba en la avenida San Juan de Letrán esquina con Independencia. Su hijo, que vivía en la sede de la Asociación Cristiana de Jóvenes, en la avenida Morelos —edificio por cierto dañado durante los combates de la Decena Trágica—, solía visitarlo todas las noches. No fue diferente el día 7 de octubre. Se sostiene que también un sobrino los acompañó en esa ocasión. Sin embargo, al día siguiente, en la mañana, Ricardo no encontró a su padre, aunque sí señales de que se había acostado. Regresó después de clases y un empleado le informó que don Belisario, al salir alrededor de las 11:30 de la noche, le había dejado un recado: unos hombres, que se dijeron agentes de la policía secreta, lo habían sacado del lugar. Ricardo buscó al senador Víctor Manuel

Castillo, que era amigo de don Belisario desde que eran niños. Ese mismo día, preocupado —sabía que el doctor era un hombre de rutinas y totalmente alejado de las fiestas y las aventuras—, este legislador se dio a la tarea de solicitar la ayuda de varios secretarios de Estado para localizarlo, sin obtener ningún resultado.

Queda, al respecto, el testimonio de Nemesio García Naranjo, quien se había hecho cargo de la Secretaría de Instrucción Pública dos días antes, e, interesado en que el chiapaneco Rubén Valenti se pusiera al frente de la subsecretaría, pidió a Castillo que lo localizara. Así, tuvo éste la oportunidad de charlar con el joven García Naranjo, hasta hacía muy poco diputado, y preguntarle qué había pasado con Belisario. El secretario dijo no conocerlo ni saber quién era. Castillo se lamentó: "Si usted, que era una figura destacada en la Cámara de Diputados no tenía la menor noticia de quién era el doctor Domínguez, ¿cómo temer que sus invectivas llegasen a impresionar a la nación? ¿Por qué hacerlo desaparecer de manera violenta y tal vez irreparable?".[1] A continuación le explicó quién era el senador Domínguez y le habló de sus discursos y su desaparición. García Naranjo respondió: "No puedo perdonarme haber desconocido en lo absoluto a un personaje tan excepcional. Podrá tener razón o no en todo lo que dijo; pero para decirlo hubo menester de una hombría completa, de una de esas hombrías que no se ven sino de siglo en siglo. ¿Cómo siendo yo un miembro del Poder Legislativo, pude ignorar un carácter tan formidable?".

El secretario de Instrucción quiso saber más del senador y habló sobre él con Valenti, quien no daba importancia a los textos de Domínguez, pero su comentario, al saber que se desconocía su paradero, fue: "¡No, eso no puede ser, porque si el gobierno lo matara, demostraría estar todavía más loco que don Belisario!".

---

1 Nemesio García Naranjo, *Mis andanzas con el general Huerta*, Memorias de Nemesio García Naranjo, tomo VII, Monterrey: Talleres El provenir, s/f.

El día 9 por la tarde, la diputación de Chiapas (César Castellanos, Manuel Rovelo Argüello, Adolfo E. Grajales y Virgilio Figueroa) suscribió una moción redactada por Jesús Martínez Rojas, en la que solicitaba al pleno que se interpelara al gobierno a través de la secretaría de Gobernación sobre la desaparición del senador. Grajales hizo notar que temían por Domínguez, debido a que había circulado una hoja escrita por él: "Pues bien, señores Diputados, se me ha informado que esa hoja está escrita en estilo candente, y pocos días después de que tal afirmación se hacía en el seno de esta Cámara, el Doctor Domínguez ha desaparecido".[2]

Después de una acalorada discusión, se aprobó que se consultara al secretario de Gobernación, y que se declararan en sesión permanente hasta recibir el informe de la comisión que debía entrevistarse con el encargado de la Secretaría, en ese momento, Manuel Garza Aldape. Ni éste ni el gobernador del Distrito Federal sabían nada sobre el paradero del senador.

Cuando se dio cuenta de las diligencias de la comisión, los diputados se exaltaron y se debatió mucho sobre lo que se debía hacer a continuación. Eduardo Neri tomó la palabra para instar a la asamblea a que tomara una posición "enérgica y decisiva", pues sólo se les daba largas en un asunto de tal importancia: "Vemos que se está abofeteando a dos manos al Poder Legislativo —haciendo abierta alusión a las desapariciones de Gurrión y Rendón— y que el Poder Legislativo no toma una resolución digna de un poder". Así, se sugirió integrar una comisión que investigara sobre el paradero del senador, pero el diputado Hernández Jáuregui, al dirigirse a los diputados, exaltó los ánimos al poner el dedo en la llaga: "Ya es evidente que sobre la mayoría de los miembros de la Representación Nacional existe suspensa la amenaza del Ejecutivo", y ya que se estaban tomando determinaciones para poner coto a los desmanes de éste, propuso

---

2 *Diario de Debates de la Cámara de Diputado*, XXVI Legislatura, tomo III, septiembre de 1913 a abril de 1914, México: Imprenta de la Cámara de Diputados, 1914. Sesión del 9 de octubre, en adelante DDCD.

que la Representación Nacional adoptara como medida que se dijera al Ejecutivo que era suya la responsabilidad de salvaguardar y custodiar a los legisladores, y que de seguirse suscitando este tipo de hechos, la Cámara celebraría sesiones en donde se le ofrecieran garantías.

Los acuerdos adoptados por los diputados fueron los siguientes:

1. Nómbrese una Comisión compuesta de tres Diputados para que haga todas las investigaciones que sean necesarias a fin de averiguar el paradero del señor Senador Belisario Domínguez, y con todas las facultades que a juicio de la misma Comisión sean del caso.
2. Invítese al Senado para que nombre una Comisión de su seno para el mismo objeto.
3. La Comisión de esta Cámara propondrá lo que corresponda, en vista del resultado de la investigación.
4. Comuníquese al Ejecutivo este acuerdo, para que se sirva impartir el auxilio que sea necesario a la Comisión, o Comisiones, en su caso; haciéndole saber que la Representación Nacional pone las vidas de los Diputados y Senadores bajo la salvaguardia del propio Ejecutivo, que es el que dispone de los elementos necesarios para hacer respetar los fueros que la Constitución otorga a dichos funcionarios.
5. Hágase saber al mismo Ejecutivo que, en caso de que acontezca una nueva desaparición de algún Diputado o Senador sin que la Representación Nacional tenga la explicación del caso, esta misma Representación se verá obligada a celebrar sus sesiones donde encuentre garantías.

La comisión para efectuar investigaciones quedó integrada por Armando Ostos (por "su valentía y oportunidad"), Martínez Rojas (por su "respetabilidad") y Aquiles Elorduy (por su "energía"). Estos mismos diputados, con Adolfo E. Grajales, López Jiménez y Palomino, informarían al Senado, y la comunicación con el Ejecutivo sería por escrito. Después de que se aprobó el acta de la sesión permanente, se concluyó la ordinaria.

Al día siguiente, los diputados iniciaron su reunión con la presencia del secretario de Gobernación, a quien se le concedió la palabra. Aseguró que extrañaba al Ejecutivo la actitud asumida por la Cámara de Diputados, la cual no podía menos que ser considerada una agresión y una transgresión de las prerrogativas y derechos de los otros dos poderes. Se interpretaba que se pretendía realizar investigaciones que eran de la competencia del Poder Judicial, y que se lanzaba, además, "la apenas creíble amenaza de constituirse en otro lugar, que supongo elegirá en los campamentos revolucionarios (rumores), para considerarse garantizada y segura". Es decir, el presidente consideraba que la Diputación era simpatizante de sus enemigos. A través del secretario, el Ejecutivo protestaba y rechazaba los cargos implícitos en los acuerdos tomados el día anterior; tampoco aceptaba lo que consideró una invasión a sus facultades y solicitaba que se revocaran tales acuerdos. De no hacerlo la Asamblea, sentenció Garza Aldape, "suya será la responsabilidad de los acontecimientos a que su actitud pueda dar lugar". Después de esta, ahora sí, amenaza que estaba avalada por el hecho de que la policía rodeaba el recinto parlamentario, el secretario concluyó diciendo que tenía órdenes de esperar en el edificio la resolución de la Cámara. El presidente, lejos de abrir el debate y exponer más aún a los diputados, envió a las tres comisiones de gobernación lo dicho por Garza Aldape, que había sido transcrito por los taquígrafos, y levantó la sesión.[3]

Al salir del recinto, la policía fue aprehendiendo uno a uno a los diputados, atendiendo una lista que incluía ciento diez nombres. Ese mismo día, muy noche, se dio a conocer el decreto presidencial que disolvía el Poder Legislativo.

Por su parte, en el Senado, el día 9, en sesión secreta extraordinaria, además de otros asuntos regulares, se abordó el relativo a la ausencia de Domínguez. Los senadores Padilla, Gómez e Iglesias Calderón propusie-

---

3 DDCD, *op. cit.* Sesión del 10 de octubre.

ron nombrar "una Comisión que se acerque al Sr. Secretario de Gobernación, y por su conducto al Sr. Presidente de la República, el hecho y circunstancias en que nuestro compañero el señor Senador por Chiapas, Dr. D. Belisario Domínguez ha dejado de presentarse a esta Cámara, suplicando que se haga pronta averiguación sobre su paradero". Se dispensaron los trámites a la propuesta y hablaron en pro Gómez y Alonso, y Castillo para informar. Al final, se aprobó sin que hubiera ninguna opinión en contra. La comisión quedó integrada por José Castellot, Salvador Gómez, Ignacio Padilla, Antonio Alcocer, Francisco Bracho y Antonio Morfín Vargas. Con esta decisión se levantó la sesión.[4]

El día 10, los senadores dieron trámite a varios asuntos sin mencionar los sucesos dramáticos que estaban ocurriendo en la cámara colegisladora; al concluir, abrieron la sesión secreta extraordinaria.[5] Después de dar cauce a varios asuntos, la comisión que visitó al secretario de Relaciones Exteriores, Querido Moheno, para solicitar la suspensión de un banquete convocado por Huerta para el día siguiente en Palacio, debido a la toma de Torreón por parte de los revolucionarios, informó que también se había hablado con él de la desaparición del senador. El secretario comentó:

Desde anoche, cuando lo supe, fui a ver al Señor Presidente de la República quien me manifestó que sentía profundo pesar por los sucesos acaecidos en esta Capital y en los que podría él aparecer como responsable; indicándome me dirigiera sin pérdida de tiempo al Señor Secretario de Gobernación para que éste desplegando la mayor energía y con toda actividad hiciera que procedieran las autoridades a quienes correspondía conocer del delito que haya podido cometerse a hacer la debida investiga-

---

4 Libro de actas secretas de la Cámara de Senadores. Sesión del 9 de octubre de 1913.

5 DDCS, XXVI Legislatura, tomo IV, septiembre a octubre de 1913, México: Tipografía de la Oficina Impresora de Estampillas, 1913.

ción, a fin de que se imponga la pena correspondiente, quien quiera que haya sido la autoridad que haya cometido el delito de que se trata [*sic*].[6]

Después, informó la comisión, a través del senador Padilla, que había visitado a Garza Aldape. Aquél comunicó que el secretario les había hecho saber que le causaba extrañeza la información que le daban, que era la primera noticia que tenía de la desaparición del Senador Domínguez. También les dijo que "personalmente deploraba que nosotros [los senadores] considerásemos el asunto como resultado de algún atentado cometido en la persona del Sr. Domínguez", y que informaría a Huerta. Asimismo, aseguró que "se practicaría una minuciosa y rápida averiguación, ofreciendo que se aplicaría la ley en quien fuera el responsable del atentado, si es que se había realizado". Cuando la comisión se retiró, el senador Castellot quedó a solas con el secretario, y éste rectificó su versión —y solicitó así lo hiciera saber a los otros comisionados—, pues "recordó" que el día anterior, el senador Castillo ya le había hablado del asunto. Padilla comentó al respecto: "La Comisión no se enteró de rectificación alguna que hiciera el Señor Secretario, pues indudablemente en el local en que estábamos en espera del señor Castellot, bien podíamos haber sido llamados por él para oír de sus labios esa misma rectificación que nos transmitía por conducto de uno de nuestros compañeros de Comisión". Se registraba, pues, que los senadores no quedaban satisfechos con la actitud del secretario. En este punto se levantó la sesión, para continuarla un poco más tarde, a las 7:50 de la noche, con la presencia de cuarenta senadores.

El presidente del Senado, Gumersindo Enríquez, tomó la palabra para decir que consideraba que en el acta de esta sesión debía consignarse todo lo que había ocurrido desde el momento en que se les había comunicado lo que pasaba en la Cámara de Diputados, "que venía demostrando la existencia de un atropello contra la libertad de deliberación de aquella

---

6 Libro de actas secretas de la Cámara de Senadores, Sesión del 10 de octubre de 1913.

Cámara". Señaló que, como todos estaban al tanto, se había nombrado una comisión extraoficial para tratar el asunto con el presidente. Éste hizo declaraciones a dicha comisión, que el senador consideraba como oficiales, "pues no pueden tener otro carácter". Así, sabían que Huerta, en acuerdo con Garza Aldape, había determinado que quedaran disueltas ambas cámaras. Dicho esto, Enríquez solicitó a los senadores sugerencias que atendieran dichas circunstancias. Como nadie las hiciera, él mismo planteó que quedara consignada como término de la sesión, y del acta que se levantara, una protesta del Senado por el decreto del Ejecutivo que disolvía las cámaras.

El senador Guillermo Obregón solicitó se les concedieran unos minutos para meditar qué debían hacer, toda vez que el asunto era de gravedad. Asimismo, hizo notar que quizá debían esperar a que el decreto se emitiera, pues aún no se conocía, y muy "prudentemente" agregó: "No sería cuerdo que sin esa promulgación tomásemos un acuerdo".

El presidente hizo saber que había pensado en la posibilidad de deliberar al día siguiente, pero el tenor del documento disolutivo, que ya habían leído los integrantes de la comisión que visitó a Huerta, no dejaba lugar a dudas sobre la nulidad de las acciones una vez que se diera a conocer. Ese hecho, y el de que "porque podríamos ser objeto de una persecución", fue lo que sugirió la protesta. Por acuerdo de los asistentes, se suspendió nuevamente la sesión y se reanudó poco después, a las 8:25, leyendo la proposición del presidente.

Obregón pidió la palabra en contra, insistiendo en que el decreto no se había emitido y por ello no podía protestarse por algo que se desconocía. Agregó que en la entrevista, Huerta había insistido en que estaba satisfecho con las labores de la Cámara Alta, por lo que no creía que se incluyera a ésta en el decreto. Por ello, proponía a su vez que se tomara el acuerdo de que se publicara el acta si el decreto llegaba a publicarse, lo mismo que la protesta. Asimismo, afirmó que había sugerido que en ese caso, se lanzara "un manifiesto a la Nación, exponiéndole los motivos por los cuales nos hallamos impedidos de funcionar; y —aclaró— otros señores Senadores han opinado que esto sería avivar la discordia y que, en consecuencia, no sería conveniente publicar tal manifiesto".

El senador Aurelio Valdivieso, por su parte, hizo notar que, efectivamente, había que actuar con cordura, meditación y serenidad, pero también que había ocasiones en que esto no era posible, pues había que tomar resoluciones apremiantes. De tal manera que sostenía que adoptar la postura que sugería Obregón podía traer "mayores trastornos que los de una protesta hecha con anterioridad, si esto puede llamarse anterioridad, cuando todos estamos íntimamente convencidos de que la Cámara de Diputados acaba de ser disuelta y muchos de sus miembros han sido presos", y por la comisión ya se sabía la decisión de Huerta. Y señalaba:

> Precisamente contra este acto del Ejecutivo, es contra el que vamos a protestar, porque carece de facultades constitucionales, para disolver a las Cámaras de la Unión [...] es de lamentarse verdaderamente que el Ejecutivo haya llegado a estos extremos. Nunca creí que un Gabinete compuesto en su mayor parte, de miembros eminentemente liberales, de jóvenes muy cultos y talentosos que se han abierto paso en la tribuna de la Cámara de Diputados, para llegar al Gobierno, hayan venido a aprobar la decisión del Primer Magistrado para disolver las Cámaras.

Por ello, concluía, no quedaba otro camino que cerrar la sesión con

> una protesta enérgica, aunque serena, elevada, como emanada de una Cámara que no ha sido agotada por vientos vendavalescos, a fin de que nuestra voz sea oída como la de la imparcialidad, de la serenidad, como la voz de la Cámara Federal que, viendo atropellada la Constitución, se yergue para decir a la Nación entera: "el Ejecutivo ha obrado mal, ha violado los preceptos de nuestra Carta Magna, quede este hecho consignado en la Historia!" (Voces, muy bien! [*sic*]).

Obregón volvió a insistir en el punto de que no podía protestarse contra un documento que se desconocía y que, aunque algunos lo conocieran, podía ser modificado. Como elemento novedoso en su intervención agregó que algunos de los miembros de la comisión que habían hablado con Huerta le habían informado que éste había estado conforme con la sugerencia de que el Senado no se disolviera, y que en igual sentido habían opinado varios secretarios, si bien algún otro había planteado que el decreto debía incluirlo.

El senador Castillo, a su vez, señaló su sorpresa de que se empezara a discutir si debía existir o no el Senado cuando la Diputación había desaparecido. "Basta este hecho, para que nosotros por solidaridad nos declaremos disueltos, sin más ni más, sin esperar a que el Ejecutivo nos disuelva." Para este senador, oriundo de Chiapas y amigo de Domínguez, que se emitiera o no el decreto resultaba secundario, y más aún los términos en que se debía redactar.

Vicente Sánchez Gavito recordó, ante la disyuntiva de hacer pública el acta que elaboraran o mantenerla en reserva, que tenían un compromiso con los electores y no podían retirarse "silenciosa y llanamente" sin explicar su conducta. Aseguraba que no quería llevar a la Cámara a una resolución poco prudente:

> ... pero no quiero tampoco que se extreme la nota de la prudencia con la mengua del decoro y de la dignidad. Es verdad que nosotros no debemos ir en busca de un peligro, ni tampoco aumentar las dificultades por [las] que atraviesa el país; pero no podemos retirarnos tranquilamente de aquí; es necesario que digamos por qué nos vamos; y si se ha levantado entre nosotros una voz diciendo, y diciendo muy bien: "Nos vamos, no porque nos disuelvan, sino porque es necesario, porque ya no debemos permanecer en este puesto", precisa que esa voz sea oída por nuestros electores y por la República entera [...] Hemos pertenecido a un Senado perfectamente ecuánime y sereno, que no ha merecido reproches en nada, ni aun de los que abusan de la fuerza; y esto será para nosotros, señores, una verdadera

gloria. De otra suerte, nuestra labor, hasta hoy, habrá sido decorosa, pero nuestra retirada del lugar del deber, sería vergonzosísima. (Aplausos).

Aunque hubo otras participaciones, no agregaron nada nuevo a la discusión, más bien se afinaron palabras de lo que debería ser el texto de la protesta, que se aceptó por unanimidad de 38 votos en estos términos:

> El Senado de la República, en cumplimiento de los deberes que le impone su alta investidura y hondamente impresionado por los atropellos de que ha sido objeto, la tarde de hoy, su Colegisladora la Cámara de Diputados, de parte del Poder Ejecutivo, consigna enérgica protesta contra esos actos que inhabilitan a esta Alta Cámara para continuar en el ejercicio de sus funciones constitucionales, y acuerda suspender todos sus trabajos por todo el tiempo que perdure la aludida perturbación del orden constitucional.

El vicepresidente levantó la sesión, agradeciendo el apoyo recibido por parte de sus colegas e invitándolos a expresar su pesar por los acontecimientos que los habían conducido a esos resultados y a que hicieran votos porque en breve plazo lucieran mejores días para la República.

Muy probablemente, el deseo de que la prudencia prevaleciera, de que "no se avivara el fuego", llevó a los senadores a que no hicieran hincapié en la desaparición de Domínguez, motivo que había iniciado el desencuentro entre los dos poderes, sino que sólo atendieran el punto específico de la disolución de la Cámara de Diputados. Ni los integrantes del grupo de oposición, ni su amigo personal Víctor Manuel Castillo plantearon que en la protesta también se hiciera referencia al senador desaparecido.

Como se había anunciado, Victoriano Huerta emitió ese mismo día el decreto sobre el Poder Legislativo. El documento incluía varias consideraciones:

1. que su interés prioritario tanto frente a las potencias internacionales como ante los mexicanos era la pacificación;

2. que para que se pudiera cumplir con ese compromiso contraído era necesario que los tres poderes marcharan en perfecta armonía, ya que de lo contrario, se rompía el orden constitucional;

3. que cuando un poder invadía las atribuciones de otro sólo debía ocurrir como "suprema e ineludible medida de bien público" y sólo por el tiempo estrictamente necesario para volver al orden legal;

4. que "las Cámaras de la actual Legislatura [...] constituían un poderoso elemento disolvente de todo orden social", de tal modo que llegaron a convertirse en el peor enemigo del Ejecutivo, hostilizándolo e invadiendo su jurisdicción, como era el nombramiento de secretarios de Estado, de suerte que principalmente la Cámara Baja se exhibió como una agrupación demagógica que impedía el trabajo gubernamental;

5. que la Cámara de Diputados había atacado no sólo "las bases fundamentales de la vida social", sino que había atropellado a los otros dos poderes, como en el caso actual que atropellaba al Judicial, "Usurpando atribuciones de Juez de instrucción para investigar supuestos delitos del fuero común y en que desatendiendo las condiciones del país, de suyo ya muy graves, amenaza al Ejecutivo y al país con abandonar su solapada conducta revolucionaria para declararse francamente rebelde";

6. que, con anterioridad, el poder que Huerta representaba ya había intentado evitar los conflictos;

7. que su buena voluntad había quedado demostrada al solicitar a los diputados "la reconsideración de sus acuerdos ilegales y atentatorios", y que sólo había comprobado que "aquella Cámara es decididamente disolvente y de que está resuelta a acabar por cualquier medio con el Poder Ejecutivo"; y

8. que si habría de romperse el orden constitucional como resultado de la actividad de los legisladores, resultaba indispensable que mientras se reconstituían las instituciones se salvara la patria y la dignidad nacional, lo cual no se conciliaba con la desaparición del Poder Ejecutivo que venía procurando la cámara popular, por lo que resultaba preferible la disolución e inhabilitación de las Cámaras de Diputados y Senadores de la XXVI Legislatura, de tal manera que cualquier disposición que éstas emitieran se estimaría nula y no recibiría la sanción presidencial.

Además de dar un golpe de Estado, el decreto convocaba a elecciones extraordinarias de diputados y senadores, la cuales deberían celebrarse al mismo tiempo que las elecciones presidenciales y vicepresidenciales que habrían de realizarse el 26 de octubre de 1913. Se preveía que el Senado sería renovado en su totalidad, y ambas cámaras se reunirían el 15 de noviembre para revisar credenciales e instalarse el día 20, para calificar los resultados electorales relativos al Poder Ejecutivo.

En un manifiesto a la nación, Huerta intentó explicar su decisión, al mismo tiempo que aseguraba que era "uno de los mayores sacrificios" que se había visto obligado a hacer. Insistía en que la Cámara de Diputados había hostilizado a su gobierno de diversas maneras, pero que, además, muchos de sus miembros militaban en las fuerzas revolucionarias y otros, "amparados por el fuero", conspiraban en la ciudad. Esta situación había sido rebasada, "el Presidente de la República se ha visto aludido en forma calumniosa, instituyéndose comisiones para la averiguación de hipotéticos delitos, que no sólo privan al Ejecutivo de la eficacia de la acción que le está conferida, sino que al mismo tiempo, de la manera más flagrante, invaden las atribuciones del Poder Judicial, único al que le corresponde juzgar y decidir los delitos que se cometen". Según este documento, se hacía saber a los mexicanos que, agotadas las posibilidades de que la Cámara de Diputados cambiara de métodos, se había disuelto el Poder Legislativo "a fin de que el pueblo elector, experimentado ya por los dolores de una larga lucha civil mande a la Representación Nacional, a ciudadanos cuyo único anhelo, cuyo solo ideal, sea la reconstrucción de la Patria, sobre el sólido cimiento de la paz pública".[7]

En el decreto y el manifiesto —cuya redacción, según García Naranjo y otros testimonios, encargó Huerta a Querido Moheno y José María Lozano, respectivamente—, el general reconocía que había habido enfrentamientos institucionales entre los dos poderes, pero también que sabía cómo se lo había calificado por parte de sus miembros, y que para él el asunto que había colmado estos desencuentros era precisamente el de Belisario Domínguez, por las decisiones que había tomado la Cámara de Diputados para dar con su paradero.

Con los diputados en prisión, que fueron liberados muy paulatinamente en los meses siguientes, se celebraron los comicios que, por su cercanía a los hechos, carecían de credibilidad. Sólo hubo dieciséis días para registrar candidatos, preparar boletas de votación, realizar campaña, y efectuar las elecciones. Así, no obstante que sólo podían considerarse una pantalla para imponer a los incondicionales del régimen, y que éstos pudieran darle visos de legalidad, los comicios se consideraron válidos para el caso del Poder Legislativo, y el 20 de noviembre, la nueva XXVI legislatura inició sus sesiones.

Aun cuando se quiso justificar el golpe de Estado ante el cuerpo diplomático, el conflicto con el gobierno de Estados Unidos se intensificó de tal manera, que éste tomó medidas muy severas en contra del de Huerta, y presionó a las grandes potencias (Inglaterra, Francia) para que secundaran su política hacia México. La tensión entre las dos naciones culminó con la invasión a Veracruz por fuerzas estadounidenses, que si bien no llevó a que la guerra estallara, sí condujo a unas conferencias de

---

7 *Del cuartelazo, a la disolución de las Cámaras*, De cómo vino Huerta y cómo se fue... Apuntes para la historia de un régimen militar, primer tomo, México: Librería General, 1914.

avenencia (en Niagara Falls) que acorralaron a Huerta para que presentara su renuncia. Además, y no menos importante, que a partir de ese mes, los ejércitos revolucionarios fueron adquiriendo cada vez más fuerza militar y avanzaron en la ocupación del territorio nacional hasta convertirse en los dueños de la situación. El 15 de julio de 1914, Victoriano Huerta presentó su renuncia y salió del país, y con él todos los que habían colaborado con su gobierno. Francisco S. Carvajal se hizo cargo de la presidencia para intentar pactar con el grupo constitucionalista.

Durante los últimos meses del gobierno huertista, en las instancias oficiales no se volvió a hablar de la desaparición del senador Belisario Domínguez ni se avanzó en las averiguaciones judiciales. Había la plena seguridad de que Huerta era el causante, pero no se sabía qué había hecho con él. En sus memorias, García Naranjo deja constancia de estos hechos, más que la disolución parlamentaria, lo que lo dejó conmovido fue "la sombra venerable de don Belisario Domínguez. ¡Y cómo no, si aquel ínclito varón hace pensar en Cuauhtémoc pidiéndole a Cortés que le quite la vida, y en Prometeo, que encadenado en una roca, sigue retando la omnipotencia de Zeus!".[8]

---

8 García Naranjo, *op. cit.*

Epílogo

En busca de los culpables

Tras la caída de Huerta, y aun antes de que los revolucionarios se hicieran de la ciudad de México, se iniciaron las investigaciones sobre la desaparición del senador Domínguez. Pronto se pudo saber que había sido un crimen, que había sido promovido por el general, y quiénes y cómo lo habían cometido.

Al juez Alberto Aréchiga Rodríguez se le asignó el caso del asesinato del general maderista Rafael Tapia. Por ello, se decidió enviarle todos los casos de crímenes políticos. Las primeras averiguaciones llevaron a que se procediera al arresto de varios miembros de la policía reservada, entre otros los de José Hernández y Gilberto Márquez.

Al ser interrogados, estos hombres proporcionaron datos para confirmar la muerte del senador, además de la de otras personas. La orden de asesinarlo fue recibida por Francisco Chávez, quien era inspector de la Policía. Él, a su vez, encomendó la tarea al teniente coronel Alberto Quiroz, que era jefe de gendarmería de a pie, y a Gabriel Huerta, que era jefe de las comisiones de seguridad. Ellos se hicieron acompañar de Hernández, "el Matarratas", uno de los verdugos del régimen, y de Márquez. Después de confirmar con Huerta, que se encontraba en el Café Colón, que sí había ordenado el crimen, se dirigieron al hotel, y sin Chávez, sacaron a don Belisario, quien era vigilado desde días atrás, y lo subieron a un coche, no sin que éste dejara antes un recado para su hijo con el portero. En las declaraciones hubo dos versiones sobre el camino que siguieron; una aseguraba que por San Juan de Letrán avanzaron hasta la Avenida Juárez, allí tomaron por Paseo de la Reforma, para luego continuar por la Calzada de Tacubaya hasta quedar a unos metros del panteón nuevo de Coyoacán; la otra versión indicó que, para llegar a este sitio, habían tomado por la Calzada de la Piedad. No pudieron acercarse más, porque el lodo impedía que el automóvil avanzara. Gabriel Huerta permaneció en el carro y los otros tres hombres caminaron con el senador hasta la puerta del camposanto; allí Márquez, ante la actitud vacilante de Hernández para obedecer la orden de matar al senador, le disparó por la espalda un tiro a la cabeza, y cuando don Belisario cayó a tierra boca arriba, Hernández hizo otros dos disparos, uno le dio en la cara, el otro no dio en el blanco.[1] Los criminales sacaron el dinero que había en su ropa, la quemaron para eliminar vestigios y enterraron el cuerpo. Con su propio dinero pagaron al sepulturero. Después, uno de ellos fue a informar al Colón que la comisión había sido cumplida.

En las investigaciones se dejó constancia que don Belisario fue sereno y firme hacia la muerte, ya que en una o dos ocasiones tuvo la oportunidad de decir a sus captores que sabía a dónde lo llevaban y que no le importaba.

La información proporcionada por los detenidos hizo posible que el juez primero de instrucción, Rodríguez Aréchiga, dispusiera que el día 13 de agosto de 1914 se exhumara el cuerpo. Asimismo, se solicitó al Club Belisario Domínguez , promotor de la denuncia, que proporcionara datos para la identificación del cuerpo. También se informó que ese mismo día

---

1 Hubo, por supuesto, varias versiones. El Matarratas quiso inculpar a Quiroz; sin embargo, en una declaración del juez que llevó el caso, éste concluyó que había sido Hernández. "El asesinato del senador B. Domínguez", *El Universal,* 6 de octubre de 1921. Precisamente este juez fue el que dictó orden de captura en contra de Chávez, Gabriel Huerta y Quiroz.

se solicitaría la extradición de Victoriano Huerta y Alberto Quiroz, al considerárseles responsables del crimen.[2]

Efectivamente, el día 13, a las 7 de la mañana, se congregó en las puertas del panteón un nutrido grupo de abogados, médicos y chiapanecos, entre otras personas, para atestiguar la exhumación e identificar el cuerpo. Tanto el sepulturero que cubrió los restos de don Belisario como el administrador del lugar proporcionaron los datos precisos para localizarlo, en el noroeste del panteón. Sobre la tumba, y para disimularla, se había sembrado un alcanfor. El cadáver se encontró a flor de tierra, apenas a 55 cm de profundidad, a 125 cm de la barda poniente y 110 cm de la del norte. Después de identificársele plenamente, se procedió a realizar la autopsia, y posteriormente se le trasladó al panteón Francés. Allí se le rindieron honores antes de inhumarlo.[3] Sin embargo, en 1938, la hermana del senador Domínguez, doña Herlinda, obtuvo autorización para exhumar nuevamente los restos de su hermano.[4] El 19 de mayo los retiró del panteón Francés y los trasladó, se dice que en una maleta y de forma secreta, a Comitán , donde fue sepultado, como él quería, al lado de su familia.

Unos cuantos días después de que se iban abriendo paso las indagaciones y se procedió a las primeras detenciones, en julio de 1914, las tropas constitucionalistas entraron a la ciudad de México. Pero el triunfo sobre Huerta no zanjó todas las dificultades. Aparecieron otras nuevas que, al no ser resueltas, condujeron a la escisión del grupo victorioso. Los enfrentamientos militares no permitieron que se llevaran a sus últimas consecuencias las averiguaciones realizadas sobre el asesinato de don Belisario. Fue hasta 1921, durante la presidencia del general Álvaro

---

2 "Será pedida la extradición de Huerta y Quiroz", *El Imparcial,* 12 de agosto de 1914.

3 "La exhumación de los restos de D. Belisario Domínguez", *Ibid.,* 14 de agosto de 1914.

4 Olea, *op. cit.*

Obregón, cuando se siguieron las pesquisas. Para ese momento, Victoriano Huerta ya había muerto, lo mismo que Hernández.[5]

A ocho años del crimen, comparecieron ante el juez personajes que, incluso, ya habían regresado del exilio, tales como Querido Moheno, José María Lozano, Víctor Manuel Castillo[6] y Ramón Corona, gobernador del Distrito Federal durante la época de Huerta. Desde Nueva York, Garza Aldape participó enviando documentos, lo mismo que el chiapaneco Teófilo Castillo Corzo, hermano de Víctor M. Castillo. Nada nuevo se agregó; quienes habían sido secretarios de Estado asentaron que el gabinete no había tenido parte en la desaparición del senador; por el contrario, todos ellos hicieron trámites ante Huerta para informarle de la situación y solicitar se indagara qué había ocurrido. En todos los casos, el general respondió que no sabía nada sobre el asunto y ordenó que se hiciera todo lo posible por encontrarlo. Todos señalaron que, al ser informado, su sorpresa y su indignación siempre fueron mayúsculas, incluso Moheno hizo constar que Huerta empeñó su palabra de honor de que no tenía ninguna participación en el suceso. Corona, por su parte, dijo que Chávez, el inspector de policía, ante la insistencia de la búsqueda, sugirió que quizá don Belisario se había unido a los revolucionarios. Garza Aldape, en su escrito, firmado por testigos, intentó desligar el crimen del senador del golpe de Estado, y sobre éste asumía la responsabilidad que le correspondía, pues había sido discutido en Consejo de Ministros, pero se deslindó en lo que se refería al asesinato, aunque aceptaba que, si Huerta había sido el autor, era "posible que influyera en su determinación de disolver el Congreso, el deseo de

---

5 Cuando los constitucionalistas evacuaron la ciudad de México, los presos de Belem escaparon; Hernández se suicidó cuando lo reaprehendieron. Huerta, por su parte, fue hecho prisionero en Estados Unidos, cuando trataba de organizar un grupo armado para ingresar a territorio mexicano; murió en la cárcel, en Fort Bliss, el 13 de enero de 1916.

6 Salió del país, porque fue colaborador del general Huerta en la legislatura que convocó para sustituir a la XXVI.

impedir que se investigaran los hechos". Otro de los declarantes fue Víctor M. Castillo, quien relató sus entrevistas con los diferentes secretarios en su búsqueda de apoyo para encontrar al senador desaparecido. Además de confirmar lo que las otras personas declararon, con respecto a García Naranjo, quien permanecía en el exilio, aseguró que "le ofreció hacer investigaciones con la promesa de que si el doctor Domínguez estaba vivo, lo salvaría a toda costa".[7]

También se citó a declarar a Francisco Chávez en el consulado mexicano en San Antonio, Texas. Este deponente sólo reiteró lo que ya se sabía, si bien agregó que primero se pretendió fusilar al senador y que él se negó, pero que Gabriel Huerta aseveró que él asumía toda la responsabilidad. Márquez ratificó estas declaraciones.

Finalmente, esta averiguación permitió declarar formalmente preso a Gilberto Márquez por el homicidio del senador Domínguez.

Coherencia, también frente a la muerte

La última persona de su familia con la que el senador charló fue con su hijo —quien falleció muy joven en París, en 1924—, la misma noche que se lo llevaron sus captores. En esa conversación volvió al tema del deber, siempre tan presente en él, y que seguramente no podía abandonar en esos momentos en que esperaba un desenlace fatal precisamente por haber cumplido con lo que él consideraba un deber, así para algunos fuera un acto de locura. En la plática con Ricardo, el padre hizo referencia a un profesor de matemáticas de su hijo, quien le había enseñado las "verdades fundamentales, las verdades supremas en que se apoya toda educación científica y racional". Entonces don Belisario le hizo ver que él deseaba que esas verdades modelaran su carácter, además de su inteligencia, pues

---

7 *El Universal* y *Excélsior*, septiembre y octubre de 1921.

en su opinión, las verdades matemáticas también enseñaban "lo que debe ser". Su argumento era que las matemáticas están constituidas por una serie de deducciones inquebrantables, "que existen por sí mismas, independientes del hombre y del mundo": aun cuando el hombre o el mundo no existieran, las matemáticas seguirían siendo. Don Belisario deseaba en ese momento hacerle ver a su hijo que lo mismo ocurría con el deber: "No puede dejar de existir; es en sí mismo. Aunque nadie hubiera para cumplirlo, existiría no obstante el mando moral de su observancia".[8]

Aseguraba don Belisario que el deber era el resultado de premisas inquebrantables, de tal manera que la voluntad humana no podía desviarse de ellas "sin dejar de ser", sin adquirir deformaciones monstruosas. Por ello, concluía, como contundente idealista, el deber también era eterno, inmortal. En el deber, para don Belisario, hay belleza, armonía inteligente que lleva a la perfección suprema. El hombre justo, el sabio, el de honor, el santo, el penitente "conocen su propia hermosura y lo sienten y lo trasmiten como una alfombra de lirios, de amapolas virginales abiertas para el solaz de una humanidad redimida también por el amor y la virtud..."

Don Belisario aplicaba con rigor su concepción sobre el deber en su vida cotidiana, al grado de poner en juego su vida para cumplir con las normas que se había impuesto por voluntad propia, libremente. Es probable que en ese momento, en el que esperaba la muerte como resultado de cumplir con lo que él había considerado su obligación, se sintiera reconfortado con estas ideas que trasmitía a su hijo: por la certeza de su propia "hermosura" espiritual surgida de ser un hombre valiente, justo y virtuoso. Cabalmente un hombre de honor.

---

8 Jaime Rodas Rovelo, *Consejos del doctor Belisario Domínguez dados a su hijo Ricardo*; s/l, Gobierno del estado de Chiapas, Instituto Chiapaneco de Cultura, H. Ayuntamiento Constitucional de Comitán, Chiapas, 1992-1995.

Acervo fotográfico

Esta vista de la calle principal de Comitán muestra su desarrollo urbano en la
época en la que Belisario era protagonista de la historia de la ciudad.

Una de las preocupaciones de don Belisario como presidente municipal fue dotar de agua a su ciudad. Aquí los Baños de Yalchivol en Comitán.

Don Cleofas Domínguez y doña María del Pilar Palencia.

La adolescencia y los primeros años de la juventud de Belisario Domínguez transcurrieron en París. Regresó a Comitán cuando concluyó sus estudios como médico, obstreta y oftalmólogo.

Belisario Domínguez en las postrimerías del siglo XIX, con su esposa y dos hijas (fueron tres, pero una murió pequeña).

Su hijo Ricardo, el único varón, fue quien hizo saber a los diputados chiapanecos la desaparición del senador Domínguez.

La Casa Museo Dr. Belisario Domínguez está muy cerca de la plaza central de Comitán; corresponde aproximadamente a la mitad de lo que fue la propiedad del doctor.

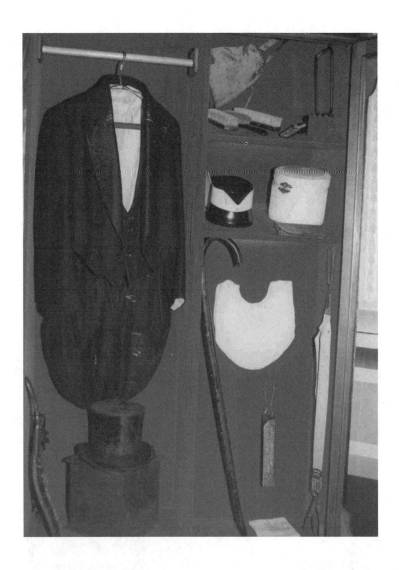

La sencillez no era obstáculo para que el guardarropa de don Belisario contara con lo necesario para cubrir las más rigurosas exigencias sociales de la época.

El consultorio de don Belisario contaba con una botica para ayudar a calmar el sufrimiento de sus pacientes.

La farmacia hacía honor a su nombre, en ella se trató a los necesitados como hermanos.

La Casa Museo custodia cartas, imágenes, recuerdos: la memoria de un hombre singular.

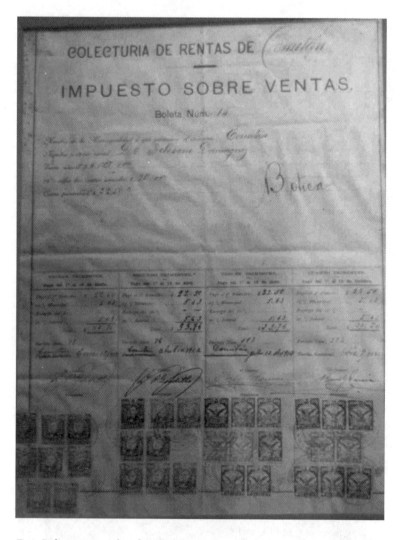

Don Belisario, cumpliendo sus deberes de ciudadano, pagaba puntualmente sus impuestos.

La importante presencia de don Belisario se manifestaba en las actividades sociales de su ciudad natal (en el primer plano, arriba de las escaleras, es el segundo de derecha a izquierda).

Si bien no ambicionó el poder político, es incuestionable que nunca rehuyó a los compromisos.

¿Una reunión social? Más bien parece de carácter político por la ausencia de mujeres (don Belisario, con traje claro al fondo).

En la plaza central de Comitán, la gente fue a constatar que se había dado fin al levantamiento chamula.

1911, un pueblo en movimiento preocupado por su seguridad y su futuro.

El senador Belisario Domínguez fue asesinado cuando tenía 50 años. Ésta tal vez fue una de sus últimas fotografías.

En 1914, su cadáver fue exhumado para identificarlo. Posteriormente se le inhumó en el panteón Francés de la Piedad en la ciudad de México. Amigos y paisanos le rindieron honores.

Herlinda Domínguez se empeñó en que los restos del senador Domínguez reposaran en Comitán, junto con los de su familia.

Bibliogafía

Archivos:

Archivo Histórico y Memoria Legislativa, Senado de la República.
Archivo Histórico de Comitán, depositado en el Archivo Histórico del Estado, resguardado por la Universidad de Ciencias y Artes de Chiapas, Tuxtla Gutiérrez, Chiapas.
Casa Museo Dr. Belisario Domínguez, Comitán, Chiapas.

Publicaciones:

Alexanderson Joublanc, Luciano, *Belisario Domínguez. Héroe civil de México,* prólogo de Carlos Román de Celis, segunda edición, México: s/ed., 1978.
Anónimo, *Belisario Domínguez. Paladín de la democracia mexicana. Interpretación de una vida histórica y humana,* México: 1964 (mecanoescrito).
Benjamin, Thomas, *A Rich Land, a Poor People. Politics and Society in Modern Chiapas,* Alburquerque: University of New Mexico Press, 1989.
Calderón, Mauro, *Belisario Domínguez. Biografía,* Tuxtla Gutiérrez: Talleres Gráficos Zamna, 1954.
Cárdenas García, Nicolás, *Belisario Domínguez,* Serie de Cuadernos Conmemorativos, Comisión Nacional para las celebraciones del 175 Aniversario de la Independencia Nacional y 75 Aniversario de la Revolución Mexicana, México: INHERM, 1985.

Josefina Mac Gregor

Del cuartelazo, a la disolución de las Cámaras, De cómo vino Huerta y cómo se fue, primer tomo, México: Librería General, 1914.

Domínguez de Diez Gutiérrez, Blanca, *Belisario Domínguez: su vida y su obra,* México: Época [c. 1969].

El poblamiento de México. Una visión histórico-demográfica. México en el siglo XIX, tomo III, México: Consejo Nacional de Población, Secretaría de Gobernación, 1993.

García de León, Antonio, *Resistencia y utopía. Memorial de agravios y crónica de revueltas y profecías acaecidas en la provincia de Chiapas durante los últimos quinientos años de su historia,* México: Era, 1985. 2 volúmenes.

García Naranjo, Nemesio, *Mis andanzas con el general Huerta,* Memorias de Nemesio García Naranjo, tomo VII, Monterrey: Talleres El Porvenir, s/f.

González Marín, Silvia, comp., *Belisario Domínguez,* presentación de Antonio Riva Palacio, Serie Los Senadores, México: Senado de la República, 1986.

González Navarro, Moisés, *Estadísticas sociales del Porfiriato. 1877-1910,* México: Dirección General de Estadística, Secretaría de Economía, 1956.

Gordillo y Ortiz, Octavio, *La revolución en el estado de Chiapas,* México: Instituto Nacional de Estudios Históricos de la Revolución Mexicana, 1986.

Guillén, Fedro, *Don Belisario. Interpretación de un hombre y una época,* México: Instituto Chiapaneco de Cultura, 1994.

Guillén, Diana, *El maderismo en Chiapas (matices regionales del acontecer revolucionario),* México: Instituto Nacional de Estudios Históricos de la Revolución Mexicana, 1994.

Hale, Charles, *La transformación del liberalismo en México a fines del siglo XIX,* traducción de Purificación Jiménez. México, Vuelta, 1991 (reflexión).

Kant, Immannel, *Filosofía de la Historia,* México: Fondo de Cultura Económica, 1997.

Labastida, Horacio, *Belisario Domínguez y el estado criminal. 1913-1914*, Criminología y Derecho, México: Siglo XXI, Instituto de Investigaciones Jurídicas, UNAM, 2002.

Mac Gregor, Josefina, *La XXVI Legislatura, un episodio en la historia legislativa de México*, México: Instituto de Investigaciones Legislativas de la Cámara de Diputados, LII Legislatura, 1983.

————, y Bernardo Ibarrola, "El huertismo: contrarrevolución y reforma", en Javier Garciadiego, coord., *Gran historia de México ilustrada. De la Reforma a la Revolución. 1857-1920*, México: Planeta D°Agostini, 2002.

Martínez Beltrán, Natalia, *Belisario Domínguez: reivindicador de la representación nacional*, Chilpancingo: Instituto de la Investigación Científica, Universidad Autónoma de Guerrero, s/f.

Martínez Rojas, Jesús, *Datos biográficos del señor senador Belisario Domínguez*, México: s/ed., 1914.

Meyer, Michael C., *Huerta, un retrato político*, México: Domés, 1983.

Olea, Héctor, *Vida de Belisario Domínguez (1863-1913)*, México: Cámara de Senadores, 1965.

Palacios Espinosa, Alfredo, *La verdad como destino*, México: Senado de la República, 1957.

Ríos Cázares, Alejandra, "El senado frente al presidente Madero: la XXVI Legislatura", en *El Senado de la República. Revisión histórica*, Premio Rafael Dondé 2000, México: Senado de la República, 2000.

Robledo Santiago, Edgar, *Valor y gloria. La vida de Belisario Domínguez*, Cien de México, México: SEP, 1987.

Rodas Rovelo, Jaime, *Consejos del doctor Belisario Domínguez dados a su hijo Ricardo*, s/l, Gobierno del estado de Chiapas, Instituto Chiapaneco de Cultura, H. Ayuntamiento Constitucional de Comitán, Chiapas, 1992-1995.

Román Celis, Carlos, *Belisario Domínguez, legislador sin miedo*, prólogo de Andrés Henestrosa, México: Publicaciones Mañana, 1963.

Josefina Mac Gregor

Román de Becerril, Leticia, *Chiapas: kaleidoscopio histórico. Siglos de historia, remembranzas y consideraciones. Semblanza de Belisario Domínguez como hombre, médico y héroe*, México: Gernika, 1995.

Ross, Stanley R., *Francisco I. Madero. Apóstol de la democracia mexicana*, versión española de Edelberto Torres, México: Biografías Gandesa, 1959.

Ruiz Abreu, Carlos, coord., *Historia del H. Congreso del Estado de Chiapas*, tomo I, s/l, LVIII Legislatura del Estado de Chiapas, 1994.

Ruz, Mario Humberto, *Savia india, floración ladina. Apuntes para una historia de las fincas comitecas (siglos XVIII y XIX)*, México: Conaculta, 1992.

Smiles, Samuel, *¡Ayúdate!*, traducción de G. Núñez de Pardo, Barcelona: Sopena, s/f.

Viqueira, Pedro y Mario Humberto Ruz, eds., *Chiapas, los rumbos de otra historia*, México: Instituto de Investigaciones Filológicas, Centro de Estudios Mayas, UNAM, Centro de Investigaciones y Estudios Superiores en Antropología Social, Centro de Estudios Mexicanos y Centroamericanos, Universidad de Guadalajara, 1995.

Agradecimientos

Al licenciado David Esponda, director de la Casa de la Cultura de Comitán, Chiapas.

Al director de la Casa Museo Dr. Belisario Domínguez, licenciado Hermilo Alejandro Aranda Rojas.

Asimismo, a todo el personal de este impresionante museo, que cuida de manera entrañable muebles, ropa, objetos, instrumental médico, farmacia, biblioteca y documentos de don Belisario Domínguez, para conservar la memoria de su ilustre coterráneo:

Julio César Aguilar Argüello
María Alejandra Estrada Ruiz
Guadalupe Cancino Castañeda
José Martín Penagos López
Francisco Javier Ruiz Rojas
Octavio Alejandro Vera Torres
Jaime Villatoro Velasco
Profesora Clara Luz Martínez Molina

A la señora Katia de la Vega.
Al doctor Mario Humberto Ruz Sosa.
Al licenciado Juan Puig.
A la maestra Patricia Torres Meza.
Al maestro Bily López González.

Índice

Otros títulos en
EL HOMBRE Y SUS IDEAS

Codicia e intelectualidad
Víctor Roura

Los mitos del editor
Adolfo Castañón

Borges ante el espejo
Jorge Mejía Prieto y Justo R. Molachino

Una mosca devastada y deprimida sobreviviendo
en un hilito de sangre
Eusebio Ruvalcaba

Digresiones con resortera
Fedro Carlos Guillén

Arbitrario de literatura mexicana
Adolfo Castañón